# LA SOCIÉTÉ

DES

# MISSIONS-ÉTRANGÈRES

SECONDE ÉDITION

PARIS

PIERRE TÉQUI, LIBRAIRE ÉDITEUR

82, RUE BONAPARTE, 82

1919

# LA SOCIÉTÉ

## DES

# MISSIONS-ÉTRANGÈRES

# LA SOCIÉTÉ

## DES

# MISSIONS-ÉTRANGÈRES

SECONDE ÉDITION

PARIS

PIERRE TÉQUI, LIBRAIRE-ÉDITEUR

82, RUE BONAPARTE, 82

1919

# DÉCLARATION DE L'AUTEUR

*Conformément au décret d'Urbain VIII, nous déclarons qu'en employant les qualifications de Saint, de Martyr, de Confesseur, nous n'avons fait que suivre la manière ordinaire reçue parmi les fidèles, sans vouloir prévenir le jugement officiel de l'Eglise, à qui seule appartient le droit de décerner ces titres dans leur sens véritable et complet.*

A. L.

LE SÉMINAIRE DES MISSIONS-ÉTRANGÈRES A PARIS

LE SÉMINAIRE DE L'IMMACULÉE-CONCEPTION A BIÈVRES (SEINE-ET-OISE)

La présente Notice a pour but de faire connaître avec quelque précision nos Missions, notre Séminaire, nos œuvres générales et particulières, en un mot notre Société entière, son règlement et ses organes, de fournir des renseignements pratiques à ceux qui désirent se consacrer à l'apostolat lointain, et aussi de susciter les vocations nécessaires à la diffusion du saint Évangile.

Elle a été présentée en hommage à Sa Sainteté le Souverain Pontife, Benoît XV, qui a daigné, avec une bienveillance dont nous ne saurions être assez reconnaissants, nous faire adresser par Son Éminence le Cardinal Secrétaire d'État la lettre approbative que nous avons l'honneur de publier.

# APPROBATION

## de S. E. le Cardinal Gasparri

SEGRETERIA DI STATO
DI SUA SANTITÀ

*Dal Vaticano, le 6 janvier 1917.*

Monsieur le Supérieur,

*Le Saint-Père a pris connaissance avec un vif intérêt de la très belle Notice sur la Société des Missions-Étrangères, et du compte rendu des travaux de 1915 que vous lui avez offerts en hommage.*

*Assurément il n'est rien qui soit plus digne d'être connu, vénéré et secondé que les diverses Sociétés de Missionnaires, dont l'action aide si puissamment à la diffusion de l'Évangile dans le monde, particulièrement au milieu des peuples assis à l'ombre de la mort. Votre Société, depuis sa fondation jusqu'à nos jours, présente à l'admiration de tout esprit sincère et ami du bien le tableau merveilleux de ses origines très saintes, de son très noble but, de son organisation et de son développement, de la vie de votre Séminaire et de son règlement, de l'établissement de vos Missions, de la formation des clergés indigènes, de l'évangélisation proprement dite, de vos œuvres d'ins-*

truction et de charité, des services rendus à la science et à la civilisation. Ce tableau est magnifiquement éclairé par la lumière surnaturelle des vertus et de la sainteté d'un très grand nombre de missionnaires, et par la gloire du martyre conquise par beaucoup d'autres.

En contemplant ce passé si beau, le Saint-Père supplie le Maître de la Vigne de ne pas permettre que viennent à se tarir les sources d'un apostolat si glorieux pour l'Eglise et pour la France. Il a le ferme espoir que les Evêques de France uniront leurs efforts pour vous aider à maintenir le nombre de vos missionnaires et même à le multiplier, malgré toutes les difficultés du temps présent. Les Chefs des Diocèses savent, par une heureuse expérience, que plus ils fournissent un ample contingent au recrutement des ouvriers apostoliques dans les pays infidèles, plus Dieu accroît le nombre des vocations sacerdotales pour leurs propres diocèses.

C'est tout pénétré de la gravité de cette coopération unanime, que le Saint-Père envoie avec effusion le bienfait de la Bénédiction Apostolique à vous, à vos collaborateurs, à toutes les missions de la Société et à toutes vos œuvres.

Veuillez recevoir, Monsieur le Supérieur, l'assurance de mes sentiments bien dévoués en Notre-Seigneur.

P. Card. GASPARRI.

# LA SOCIÉTÉ
# DES MISSIONS-ÉTRANGÈRES



## I

## ORIGINE ET BUT
## DE LA SOCIÉTÉ DES MISSIONS-ÉTRANGÈRES

**1. — Ordres divins. Premier apostolat.** A la veille de quitter la terre, Notre-Seigneur Jésus-Christ traça le programme de l'apostolat par ces paroles adressées à ses Disciples : « *Toute puissance m'a été donnée dans le Ciel et sur la terre. Allez donc et instruisez toutes les nations, les baptisant au nom du Père, et du Fils, et du Saint-Esprit, leur apprenant à garder tout ce que je vous ai commandé, et voici que je suis avec vous jusqu'à la consommation des siècles.* »

Dociles à la voix du Maître, les Apôtres parcoururent une partie du monde ; ils prêchèrent, ils baptisèrent, ils établirent parmi les communautés chrétiennes des prêtres et des évêques. Sur l'ordre de Pierre, Marc se rendit à Alexandrie et fonda des Eglises en Egypte ; sur le conseil de Paul, Tite se fixa en Crète et Timothée à Ephèse ; ils obéirent à la recommandation de leurs chefs : « *Apprenez à des hommes fidèles ce que je vous ai enseigné, afin qu'ils soient eux-mêmes capables d'en instruire d'autres.*

Leurs successeurs suivirent la même ligne de conduite ;

**2. — Continuation de l'apostolat.** ils instituèrent des Eglises par la conversion des païens et l'union des fidèles, par l'ordination des prêtres et la consécration des évêques.

Avec le temps et d'incessants labeurs, avec les découvertes géographiques faites par les Portugais et par les Espagnols, la connaissance du vrai Dieu se répandit dans les contrées ignorées des aigles romaines.

Des missionnaires annoncèrent la Bonne Nouvelle en Amérique et en Extrême-Asie. Mais dans cette dernière région, ils donnèrent à leur action un caractère particulier. En Amérique, de même qu'en Orient et en Occident aux premiers siècles du christianisme, des Eglises sont régulièrement érigées, hiérarchiquement constituées avec des évêques, un clergé séculier et un clergé régulier.

Dans l'Asie extrême-orientale, au contraire, la hiérarchie n'est pas implantée, ou l'est fort peu. Au XVII<sup>e</sup> siècle, les Indes comptent un seul archevêché et trois évêchés ; ce sont les mieux pourvues, et elles ont 200 millions d'habitants. L'Indo-Chine possède l'évêché de Malacca à son extrémité méridionale. Sur les côtes de la Chine celui de Macao demeure seul, et le Japon voit à peine passer quelques titulaires sur le siège de Funaï.

Cet état de choses attira l'attention de Rome ; elle

**3. — Nécessité du clergé indigène.** jugea avec raison que les conquêtes apostoliques ainsi faites manqueraient de solidité. La Propagande avait devant les yeux la ruine de la mission du Japon, que le martyre et l'expulsion des ouvriers évangéliques européens avaient privée de pasteurs. Elle indiqua, en

1630, le moyen de combler la grave lacune laissée dans l'organisation de l'apostolat : la formation de prêtres chinois, japonais, annamites, c'est-à-dire l'institution d'un clergé indigène, dont le recrutement régulier permettrait de pourvoir aux besoins des chrétiens même en temps de persécution, et d'assurer la perpétuité des Eglises.

Ce clergé ne pouvait être établi que par des évêques ; aussi, en 1633 et en 1651, la Sacrée-Congrégation continuant et précisant ses plans, préconisa la création d'archevêchés et d'évêchés.

**4. — Nomination des premiers Vicaires apostoliques.** En Extrême-Orient, de pieux et zélés missionnaires partagèrent les vues de Rome ; en France, saint Vincent de Paul, plusieurs personnages ecclésiastiques, et même l'Assemblée générale du Clergé, essayèrent d'aider à leur réalisation. Leur action entravée, combattue, n'aboutit pas.

Mais la Providence veillait sur ce projet qui devait agrandir et développer son Eglise, la rendre plus universelle et plus forte ; elle inspira à des prêtres français la pensée de s'y dévouer.

Un chanoine de Tours, François Pallu ; un prêtre du diocèse de Rouen, ancien magistrat, Pierre Lambert de La Motte ; un missionnaire breton, Vincent de Meur, se rendirent à Rome.

S'inspirant des décrets de la Propagande, ils demandèrent au Pape Alexandre VII, dans une supplique pleine d'esprit surnaturel et de clairvoyance pratique, d'envoyer des évêques pour subvenir aux besoins des Eglises naissantes, ainsi que le faisaient les Apôtres et leurs disciples aux premiers siècles de l'évangélisation ;

ils écartèrent certains obstacles en ne sollicitant pour ces prélats que le titre d'évêques *in partibus infidelium* ; ils supprimèrent les préoccupations que susciterait la recherche des ressources, en promettant de supporter eux-mêmes toutes les dépenses ; enfin, ils laissèrent entrevoir la facilité d'atteindre le premier but désiré par l'ordination sacerdotale de catéchistes, que leur instruction, leurs habitudes et leurs vertus avaient déjà préparés à ces saintes fonctions.

Leur requête fut agréée ; leur plan, longuement étudié dans des assemblées composées de cardinaux, fut approuvé ; et le Souverain Pontife Alexandre VII accepta et loua leur dévouement.

Le 17 août 1658, François Pallu fut nommé évêque d'Héliopolis, Lambert de La Motte évêque de Bérythe, tous les deux *in partibus infidelium*.

Le premier, sacré le 17 novembre 1658 par le préfet de la Propagande, dans la basilique de Saint-Pierre à Rome, devint, en 1659, Vicaire apostolique du Tonkin. Le second, choisi pour être Vicaire apostolique de la Cochinchine, reçut la consécration épiscopale à Paris, le 2 juin 1660. Un troisième prêtre, Ignace Cotolendi, curé de la paroisse Sainte-Madeleine à Aix-en-Provence, leur fut adjoint, avec les titres d'évêque de Métellopolis et de Vicaire apostolique de Nankin.

Cette qualité de Vicaire apostolique, assez rare jusqu'alors, leur avait été donnée pour éviter des difficultés avec le gouvernement portugais qui, s'appuyant sur une série de privilèges reçus du Saint-Siège, ne voulait pas en Extrême-Orient d'autres évêques que ceux de sa nation. Cependant, malgré son désir d'opposition, il ne pouvait évidemment élever d'objections contre le droit du Souverain Pontife d'aller prêcher l'Evangile partout où bon lui semblerait, et, s'il n'y allait en personne, d'y envoyer ses vicaires.

Le Pape ajouta à la juridiction des prélats l'administration spirituelle sur le Laos, la Tartarie, le Japon, la Corée et la Chine, qu'il leur partagea.

Dans cet immense territoire, qui comprenait à peu près tout l'Extrême-Orient, les envoyés du Saint-Siège étaient chargés d'accomplir une mission nettement définie, qui n'avait encore été explicitement confiée par Rome à aucun prédicateur de l'Evangile : constituer un clergé indigène, et établir des Eglises sur le modèle des Eglises d'Occident, double tâche que des évêques seuls peuvent remplir.

**5. — Instructions de la Propagande.** La Propagande, qui la première avait désiré leur envoi et leur nomination, et dont ils relevaient directement en qualité de missionnaires en pays infidèles, guida leurs premiers pas dans cette carrière nouvelle pour eux.

Elle leur remit des *Instructions*, détaillées et précises, sur le choix de leurs collaborateurs et sur les moyens de rendre durables les résultats de leurs efforts.

Ces collaborateurs devront être « des hommes capables par leur âge et leur bonne santé de soutenir les travaux apostoliques, et en même temps, ce qui est aussi important, des hommes de grande charité et de véritable prudence ; des hommes discrets, dignes par leurs bonnes mœurs, leur mansuétude, leur patience, leur humilité, et par toutes les autres vertus, de servir d'exemple dans la foi chrétienne qu'ils professent ; des hommes qui, formés à la règle de la charité évangélique, s'accommodent de l'esprit et des mœurs d'autrui ; en un mot, des hommes qui se fassent avec l'Apôtre tout à tous ».

Le moyen principal, que la Propagande prescrit pour perpétuer leur œuvre, est la création d'un Séminaire, dont les « directeurs seront prudents et pieux, habiles à gérer les affaires tant en France qu'à Rome, sincères, pour que la Sacrée-Congrégation ait foi en leurs paroles ».

L'établissement à Rome, d'une procure dirigée « par un homme modeste, éprouvé, savant et habile », est aussi formellement recommandé.

**6. — Influence de Rome sur les origines de la Société des M.-E.**

Par ces *Instructions*, dont nous verrons bientôt la suite, la Propagande posait les bases de la fondation et de l'organisation du groupement d'ouvriers apostoliques qui sera la Société des Missions-Etrangères.

C'est là un des côtés particuliers, et non le moins digne de considération, des origines de la Société ; mais il est conforme à la logique des choses. Ordinairement, en effet, le fondateur d'une Société religieuse, sous l'impulsion du Saint-Esprit, décide lui-même du but et de la constitution de son œuvre, pour laquelle il sollicite ensuite l'approbation de l'Eglise ; mais ici, c'est l'Eglise qui a vu et voulu l'œuvre ; et cette œuvre est la sienne par excellence : l'évangélisation du monde, la diffusion du sacerdoce, la création d'Eglises qui assureront sa catholicité. Les Vicaires apostoliques n'ont fait que lui offrir leur dévouement et mettre leur vie à sa disposition : il est donc tout naturel que Rome les dirige dans la réalisation de ses volontés.

On a souvent répété que la Société des Missions-Etrangères avait pour Rome un grand amour, et pour ses décisions une obéissance parfaite ; quoi d'étonnant ! puisque ses premiers membres s'étaient voués, dès avant d'avoir travaillé à sa fondation, à l'œuvre catholique romaine.

**7. — Mgr Pallu fonde la Société des M.-E.** François Pallu, l'évêque d'Héliopolis, à qui la nature avait départi des dons de force et de suavité, allait être le principal instrument de la Providence, pour exécuter les desseins de la Propagande et établir la Société.

Il appela à lui de jeunes prêtres, dont les premiers furent Jacques de Bourges, Louis Chevreuil, Antoine Hainques, Pierre de Saisseval-Danville, Louis Laneau. Pendant quelques mois de retraite à la Couarde, dans la commune de Galluis, non loin de Paris, il leur inculqua les ardentes pensées apostoliques qui remplissaient son âme. Il en groupa d'autres plus âgés, pour fonder le Séminaire des Missions-Etrangères, y recevoir et y former les futurs missionnaires ; les principaux furent Michel Gazil de la Bernardière, Armand Poitevin, Vincent de Meur, Luc Fermanel de Favery. Il obtint de plusieurs de ses amis la promesse de travailler au recrutement des prédicateurs de l'Evangile, en faisant chaque mois des conférences sur la nouvelle Société. Enfin il organisa, sous la présidence de la duchesse d'Aiguillon, des associations de dames de charité, qui fournirent des secours aux envoyés de Rome.

Ainsi, grâce à son initiative, qui s'étendit à tous les éléments nécessaires à leur constitution, les Missions-Etrangères furent créées, en même temps que leur avenir assuré.

Un seul de ses projets échoua : la Propagande avait recommandé aux Vicaires apostoliques « d'éviter le Portugal ou les pays qui en dépendaient ». Pour y réussir plus aisément et plus sûrement, l'évêque d'Héliopolis constitua une Compagnie de navigation qui fit construire en Hollande un navire, le *Saint-Louis*, destiné à transporter les missionnaires en Extrême-Orient. Retardé par le mauvais vouloir du gouvernement des Pays-Bas, le vaisseau périt dans une tempête, au Texel. Quand ils apprirent ce désastre, Pallu, Cotolendi et leurs prêtres se réunirent dans la chapelle de la maison qui servait alors de Séminaire, et debout devant l'autel, heureux d'offrir à Dieu un grand sacrifice, de lui témoigner leur entière confiance, ils chantèrent le *Te Deum*.

Cet esprit d'abnégation vaillante et joyeuse s'est perpétué dans leur demeure aujourd'hui vieille de deux siècles et demi. Lorsque les séminaristes de la rue du Bac apprennent la nouvelle que quelques-uns de leurs aînés viennent de donner leur sang pour Jésus-Christ, ils se rassemblent au pied de la statue de la Sainte Vierge, et dans un élan d'enthousiasme et d'amour, ils chantent le même cantique d'actions de grâces.

**8. — Voyage des Vicaires apostoliques et des missionnaires.** Les Vicaires apostoliques ne furent point arrêtés par la perte du *Saint-Louis*. Dans une supplique au Souverain Pontife, ils avaient dit : « Si la route de l'Océan offre des difficultés, nous trouverons toujours un passage libre par la Perse et par le royaume des Mongols. »

Ils tinrent parole. M<sup>gr</sup> Lambert de La Motte était parti en 1660 avec deux missionnaires ; M<sup>gr</sup> Cotolendi le suivit, accompagné de deux prêtres et d'un auxiliaire laïque ; en 1661, ce fut le tour de M<sup>gr</sup> Pallu, à la tête de sept prêtres et de deux auxiliaires.

Ils s'embarquèrent à Marseille, mirent pied à terre en Egypte, traversèrent ce pays, la Perse, l'Inde, la presqu'île de Malacca, et s'arrêtèrent à Juthia, la capitale du royaume de Siam. Leur expédition dura de dix-huit mois à deux ans et demi. C'étaient bien là les successeurs de ceux que le moyen âge saluait du nom mérité de « voyageurs pour le Christ ».

Tous, hélas ! n'arrivèrent point au terme désiré. Les tombes de sept d'entre eux, après celle de l'évêque Cotolendi, jalonnèrent la longue et pénible route de France en Extrême-Orient. La grande âme de Pallu eut l'intelligence du sacrifice dans le plan divin de l'œuvre des Missions-Etrangères : « Voilà le pont commencé, écrivit-il en son énergique langage, trop heureux si nos carcasses et nos os, aussi bien que ceux de nos chers frères, pouvaient servir de pilotis pour l'affermir et faire un chemin plein et ouvert à de braves missionnaires et moissonneurs, pour venir faire une ample récolte en ces champs si fertiles. »

Rendus au Siam, les envoyés d'Alexandre VII ne tardèrent point à passer à l'action.

**9. — Fondation du premier séminaire (Collège général).** Dans ses *Instructions*, la Propagande leur avait fait ces recommandations : « Le principal motif, pour lequel la Sacrée-Congrégation vous envoie comme évêques dans ces régions, est l'instruction des jeunes gens, afin qu'ils puissent être promus au sacerdoce et même à l'épiscopat ; dirigez-les donc avec le plus grand soin ; ayez toujours devant les yeux ce but, qui est le vôtre, d'élever et de conduire aux saints Ordres des sujets nombreux et capables. » Telle fut la première entreprise des évêques.

Ils fondèrent à Juthia un Séminaire ou Collège général, qui admit des élèves de toutes les missions : cochinchinois, tonkinois, chinois, et plus tard indiens, coréens et japonais. Cette maison « devait offrir une école de vie parfaite, représentant la communauté des Apôtres sous la discipline de Jésus-Christ, lorsqu'il les préparait à l'apostolat ». Deux ou trois missionnaires la dirigèrent. D'autres partirent pour la Cochinchine, le Cambodge et le Tonkin.

M<sup>gr</sup> Pallu reprit alors le chemin de Rome. L'examen auquel il s'était livré de l'état des missions en Extrême-Orient lui avait

**10. — Difficultés. Appui de Rome.**

révélé que, pour vaincre les oppositions suscitées contre leur mandat, les Vicaires apostoliques devaient posséder des pouvoirs plus étendus que ceux dont ils étaient revêtus.

Ces oppositions provenaient principalement du Portugal et de l'Espagne, qui avaient des intérêts commerciaux et politiques considérables en Extrême-Orient, et n'y voulaient pas de prêtres français. Le Portugal renforçait son hostilité en s'appuyant, nous l'avons dit, sur les droits vrais ou prétendus de son patronage.

Faut-il ajouter, pour être complet, que les missionnaires originaires de ces pays partageaient plus ou moins les préjugés nationaux ?

Les nouveaux venus ne tardèrent pas à être victimes de cette inimitié. M<sup>gr</sup> Lambert de La Motte, plusieurs fois menacé de mort, eût été, sans l'intervention des catholiques de Juthia, enlevé par un capitaine portugais, jeté sur un navire en partance et emmené au loin. Deux missionnaires, MM. Chevreuil et Brindeau, furent saisis, conduits et retenus à Goa pendant de longs mois.

Mais on s'étonnerait à bon droit si la nouvelle Société, prédestinée par la Providence à faire une grande et sainte œuvre, n'avait ses débuts marqués de la croix, et si les interventions humaines seules pouvaient expliquer sa naissance et ses progrès.

Afin de rappeler aux opposants que l'Eglise est catholique, et pour faire respecter la juridiction de ses envoyés les Souverains Pontifes multiplièrent les bulles. De 1669 à 1674, Clément IX et Clément X en signèrent vingt et une. La Propagande y ajouta des lettres et des décrets plus nombreux encore.

Ces actes ne suffirent pas. En 1676, l'évêque d'Héliopolis, retourné en Extrême-Orient, fut arrêté par les Espagnols et amené captif à Madrid. Rendu à la liberté sur les instances du Pape et de Louis XIV, il regagna Rome qui, pour montrer plus expressément encore, s'il était possible, sa volonté, imposa aux missionnaires des Congrégations religieuses l'obligation de prêter serment d'obéissance aux Vicaires apostoliques, et nomma Pallu et Lambert de La Motte administrateurs généraux des missions de Chine.

**11. — Fondation du Séminaire des M.-E. Approbation par Louis XIV et par le légat du Pape Alexandre VII.**

Durant ces luttes, qui prouvent, mieux que les considérations les plus élevées, la nécessité pour le Saint-Siège d'avoir en Extrême-Orient des missionnaires sur la fidélité desquels il puisse absolument compter, le Séminaire, désiré par la Propagande et par les Vicaires apostoliques, avait été fondé à Paris, rue du Bac, à peu près à l'endroit où il est encore aujourd'hui. Grâce aux démarches de ses premiers directeurs, MM. Gazil de la Bernardière, Poitevin, Fermanel de Favery, de Meur, il fut en 1663 approuvé par Lettres patentes signées du roi Louis XIV, et autorisé par la Propagande à prendre le nom de Séminaire des Missions-Etrangères, qui dit très nettement son but unique, et devint le nom du Corps tout entier, dont il est le centre.

L'année suivante, le légat du Pape en France, cardinal Flavio Chigi, en confirma l'établissement par des Lettres solennelles, dans lesquelles on lit ces paroles adressées aux directeurs de la nouvelle maison : « On nous a exposé dernièrement comment, de par la Congrégation de la Propagande, et à l'instance des Révérendissimes Evêques envoyés chez les peuples canadiens, tonkinois et chinois pour leur conversion, vous vous êtes chargés du soin de former et d'instruire des élèves qui, devenus plus tard de bons ouvriers et de fervents missionnaires, iront dans ces pays infidèles pour prêcher l'Evangile et aider ces mêmes évêques... Désireux de tout ce qui peut contribuer au progrès du culte divin et de la religion, nous accédons à vos prières, confirmons et approuvons par l'autorité du Siège Apostolique dont nous sommes suffisamment muni pour cet objet, par la teneur des Présentes, sans préjudice de qui que ce soit, l'érection, la fondation et l'institution dudit Séminaire. »

Cet acte donnait au Séminaire sa place dans l'Eglise, comme les Lettres patentes lui avaient assuré son existence dans l'Etat.

Le premier supérieur de l'établissement, Vincent de Meur, qui avait pour devise : « Parler de Dieu ou se taire » ; ses successeurs, Gazil de la Bernardière, J.-C. de Brisacier, Tiberge, s'efforcèrent de recruter des aspirants à l'apostolat, pour l'Extrême-Orient principalement,

**12. — Union du Séminaire des M.-E. avec le Séminaire de Québec.**

et aussi pour le Canada : car, ayant accepté la proposition du premier évêque de Québec, M<sup>gr</sup> de Montmorency-Laval, de fonder et de diriger un Séminaire dans sa ville épiscopale, ils signèrent, le 29 janvier 1665, un acte d'union entre les deux Séminaires.

**13. — Petit nombre des missionnaires aux XVII<sup>e</sup> et XVIII<sup>e</sup> siècles.** Il faut bien avouer, qu'à cette époque illuminée de tant de gloire française, et si belle dans le recul des années, les esprits et les cœurs n'étaient guère tournés vers l'évangélisation des contrées infidèles. Les catalogues de la Compagnie de Jésus enregistrent seulement les noms de 105 prêtres et frères envoyés en Chine de 1581 à 1681 ; ceux des Franciscains 82 de 1579 à 1744 ; ceux des Dominicains 71 de 1556 à 1738. Les annales des Augustiniens portent des chiffres encore plus modestes. Les Lazaristes ne comptent que 6 missionnaires en Chine de 1697 à 1731.

**14. — Envoi de nouveaux missionnaires. Travaux.** De 1660 à 1700, le Séminaire des Missions-Étrangères dirigea 96 missionnaires vers l'Extrême-Orient. Nous les trouvons dans six ou sept des plus populeuses provinces de Chine, en Annam, au Laos, au Cambodge, au Siam, en Birmanie où deux d'entre eux, Genoud et Joret, versent leur sang pour la cause de Jésus-Christ.

Une vingtaine d'autres furent envoyés au Canada.

M<sup>gr</sup> Lambert de La Motte se rendit du Siam au Tonkin et en Cochinchine ; il tint un synode, fonda sous le nom d'Amantes de la Croix un Institut de religieuses annamites, et parcourut de nombreuses paroisses nouvellement formées, en examinant l'organisation qu'elles devaient à MM. de Bourges, Deydier, Hainques, Brindeau, Chevreuil.

Assaillis par des persécutions sourdes ou sanglantes, les missionnaires les supportèrent bravement ; et lorsque M. Deydier sortit de prison en 1671, il termina la relation de ses souffrances par ces paroles que confirma le baptême, en cette seule année, de 5.300 païens : « Ce sont des roses qui croissent parmi les épines. Malgré les édits du roi, la perte des biens, les bastonnades, les prisons, il se fait tous les jours de nouveaux chrétiens par un miracle de la grâce. Le soleil de justice fait éclater sa lumière de ces nues menaçantes qui devraient l'obscurcir. »

**15. — Premières ordinations de prêtres indigènes.**

La tâche principalement recommandée par Rome avait été commencée. Dès 1668, Mgr Lambert de La Motte ordonna des prêtres indigènes, anciens catéchistes, hommes de vertu et d'expérience, les premiers préparés au Tonkin par M. Deydier, et les seconds en Cochinchine, par M. Hainques.

Cette ordination fut suivie de plusieurs autres. En 1680, le Tonkin possédait une vingtaine de prêtres annamites, et la Cochinchine une dizaine. Ainsi, moins de vingt ans après l'arrivée en Extrême-Orient des premiers Vicaires apostoliques, le clergé indigène existe. Sa formation n'est plus, comme on l'a dit, le rêve ou l'illusion de l'ignorance et de la piété. On a trouvé des jeunes gens, des hommes faits, capables de garder la chasteté, de pratiquer l'obéissance, de conduire leurs concitoyens dans les voies de l'Evangile. L'expérience est faite et bien faite, et personne n'en peut nier les excellents résultats.

Deux indigènes, l'un né au Siam, Pérez, et l'autre en Chine, Lopez, furent sacrés évêques,

**16. — Evêques indigènes.** et placés chacun à la tête d'une mission ; mais, peut-être pour n'avoir pas suivi les conseils de M^gr Pallu, qui voulait les mettre sous la direction d'Européens, leur épiscopat ne produisit pas tous les fruits qu'on en attendait.

Cet échec fut en quelque sorte compensé par la création de nouveaux Vicariats apostoliques, dont les missionnaires,

**17. — Nouveaux Vicariats apostoliques.** anciens collaborateurs de Pallu et de Lambert de La Motte, devinrent les chefs : au Siam, Laneau ; en Cochinchine, Mahot ; au Tonkin, de Bourges et Deydier ; en Chine : de Lionne, dans la province du Se-tchoan ; Maigrot au Fo-kien ; Pin au Tche-kiang et au Kiang-si ; Le Blanc au Yun-nan.

Telle fut, en ses commencements, la marche de la Société des Missions-Etrangères vers le but que le Saint-Siège lui

**18. — Obéissance des M.-E. à Rome, louée par Innocent XII.** avait indiqué. Depuis lors, l'apostolat dans son mouvement progressif a suivi le plan qu'elle avait inauguré en Extrême-Orient ; il l'a appliqué avec persévérance, non seulement en Asie, mais en Afrique, en Amérique, en Océanie ; partout où il porte ses pas, partout il adopte cette organisation, telle que les Apôtres l'établirent, telle que Rome la voulut toujours.

Ils paraissent donc bien mérités ces éloges que le Souverain Pontife Innocent XII adressait, le 15 janvier 1697, aux Missions-Etrangères : « C'est de votre Séminaire que sont sortis les évêques et Vicaires apostoliques que la

France a fournis à Nous et à Nos prédécesseurs, pour être envoyés en Asie et en Amérique, où ils ont travaillé avec tant de zèle et de succès. Nous vous louons beaucoup de ce que vous ne cherchez point votre avantage, mais celui de Jésus-Christ. Courage donc, travaillez avec ardeur à l'œuvre de Dieu ; employez à l'accroissement de l'Eglise cette piété, cette doctrine, ce zèle, dont vous a doués le Dispensateur suprême de tous les biens. De même que vous avez à cœur de faire rendre le respect dû à ce Saint-Siège, à cause de la dignité et de l'autorité qui lui ont été divinement accordées, de même le Saint-Siège vous aidera par tous les moyens, afin que vous accomplissiez utilement et heureusement votre sainte entreprise. »

II

# DÉVELOPPEMENT
# DE LA SOCIÉTÉ DES MISSIONS-ÉTRANGÈRES

**19. — Ralentissement dans le recrutement.** Sous l'impulsion féconde de l'Esprit divin reçu par leurs fondateurs, les œuvres font d'ordinaire, dans les premières années de leur existence, des progrès rapides, embellis par une merveilleuse floraison de dévouements. Peu à peu, une sorte de ralentissement s'opère ; la sève se dessèche-t-elle? ou bien se concentre-t-elle, pour se transformer peu à peu en fleurs plus belles et en fruits plus abondants?

Comme beaucoup de Congrégations religieuses, la Société des Missions-Étrangères sentit en elle ce phénomène d'apparente stagnation.

Quarante ans après sa fondation, en 1700, elle avait recruté 119 prêtres ; au commencement du XIX<sup>e</sup> siècle, elle ne se sera augmentée que de 198 ouvriers apostoliques.

Ce n'est pas en elle seule qu'il faut chercher les causes principales de cette situation. Les motifs en sont plus généraux. Le XVIII<sup>e</sup> siècle presque tout entier a été une époque de frivolité, d'inconduite et d'irréligion. « Le sel de la terre s'est affadi ; les lampes du Seigneur se sont éteintes, et les pierres du sanctuaire se traînent sur les places publiques. » C'est Massillon qui parle ainsi. Dans ce milieu affadi, les vocations apostoliques ne peuvent germer. Heureusement, parmi les rares prêtres qui donnent leur vie à l'apostolat lointain, la Providence place des hommes selon son cœur, admirables par leur zèle, leur persévérance, leur force d'âme, par les services éminents qu'ils rendent à la religion, et parfois à la patrie.

**20. — Résumé des travaux pendant le XVIIIᵉ siècle.** Ce sont, au Tonkin, Louis Néez, qui missionnera pendant 52 ans, de 1712 à 1764, et qui gouvernera pendant 41 ans une des plus belles Eglises d'Extrême-Orient ; Roux, Jean-Louis, à qui ses chrétiens attribueront des miracles ; Bricard, un des meilleurs éducateurs du clergé indigène ; Sérard, traducteur habile d'ouvrages de doctrine catholique.

En Cochinchine, Pigneau de Béhaine unit un patriotisme éclairé à une foi ardente. Précurseur de notre politique coloniale en Indo-Chine, il appelle la France à agrandir son influence, et à étendre le royaume de Jésus-Christ, par la restauration du trône de Gia-long, dont il espère faire un nouveau Constantin.

Au Siam, Champion de Cicé, Roost, sont les promoteurs des fortes études au Collège général ; le premier en qualité d'évêque, le second comme supérieur pendant quinze ans.

En Chine, Enjobert de Martiliat fonde l'Institut des Vierges chrétiennes. Il est remplacé par Mᵍʳ F. Pottier que ses prêtres appellent « un évêque d'or », et autour duquel se groupent : MM. de Saint-Martin, Dufresse, Delpon, Devaut, confesseurs de la foi dans les cachots de Pékin, Gleyo, prisonnier durant sept ans au Se-tchoan, et J.-M. Moÿe déclaré Vénérable par Léon XIII en 1891.

Dans les Indes, Mᵍʳ Brigot réunit sous sa houlette les prêtres des Missions-Etrangères à qui Rome a confié en

1776 la mission Malabare, et les Jésuites que la suppression de leur Compagnie a laissés sans supérieur.

Au Canada, conquis par l'Angleterre, M. Leloutre est le défenseur si ardent des Acadiens que sa tête est mise à prix ; tandis que l'apôtre des Mics-Macs, M. Maillard, se montre si patient, si sage, qu'il s'attire le respect des vainqueurs tout en gardant l'affection des vaincus.

Arrêtons ici notre énumération, que pourront continuer ceux qui connaissent l'histoire de l'Eglise en Extrême-Orient et en Amérique.

**21. — Le Séminaire des M.-E. détruit. Son rétablissement par décret et ordonnance.** La Révolution française diminua encore le nombre des ouvriers apostoliques. Le Séminaire des Missions-Etrangères fut pillé et vendu. Racheté, à la fin de cette époque douloureuse, par ses anciens directeurs, il fut légalement rétabli en mars 1805 par Napoléon, qui, hélas ! le supprima quatre ans plus tard, le 26 novembre 1809, au commencement de sa lutte impie contre le Saint-Siège.

Après la chute de l'empire, Louis XVIII cassa le décret de 1809, et signa d'abord, le 2 mars 1815, un décret qui remettait en vigueur celui de 1805, ensuite, le 15 octobre 1823, une ordonnance qui confirmait les approbations précédentes.

Ainsi, par les Lettres patentes de 1663, par d'autres Lettres patentes de 1775 explicatives des premières, par le décret de 1815 et l'ordonnance de 1823, le Séminaire, et par lui la Société des Missions-Etrangères, a possédé depuis son origine et possède encore l'existence légale ; c'est une Société reconnue par le gouvernement.

Nous arrivons maintenant à une des plus belles périodes de l'apostolat chrétien. Des événements, que la faiblesse du regard humain n'aurait pu entrevoir, vont conduire la Société et ses missions à un grand développement.

**22. — Causes du développement.**

C'est, tout d'abord, le 3 mai 1822, la fondation, à laquelle la Société n'a pas été étrangère, de l'œuvre de la Propagation de la Foi. La Société n'avait pas, sans doute, songé à l'organisation de cette œuvre par dizaines et par centuries, ni à son universalité ; mais elle avait, de 1789 à 1814, fixé plusieurs de ses éléments constitutifs : prières, fêtes, aumône du sou par semaine, inscription des associés. Grâce à cette admirable institution, allait être établie en toute terre chrétienne la perception de l'impôt volontaire, qui assure aux apôtres un budget modeste et régulier. Les missionnaires n'oublient pas la parole du Maître : « *Partout où vous allez, mangez ce qu'on vous présente* » ; mais trop souvent on ne leur présente rien, et sous peine d'inspirer aux populations qu'ils évangélisent le soupçon de venir parmi elles dans le but de s'enrichir, ils ne peuvent presque rien leur demander. Ils doivent donc obéir à cette autre parole de Jésus : « *Que celui qui a une bourse la prenne.* »

**23. — Œuvre de la Propagation de la Foi. Augmentation des ressources.**

Pendant le XVIII<sup>e</sup> siècle, la Société des Missions-Etrangères ne pouvait faire vivre qu'une centaine de prêtres, même en leur distribuant entièrement ses revenus, tandis que la Propagation de la Foi lui a procuré la possibilité d'accepter tous ceux qui lui paraissent aptes à la vie évangélique.

Au don qui assure l'existence personnelle de nombreux apôtres, la Propagation de la Foi ajoute des allocations annuelles variant selon ses ressources et selon l'importance des Vicariats. Mises en regard des besoins de missions s'étendant sur une superficie de plus de 5 millions de kilomètres carrés, habitées par une population païenne de 240 millions, les sommes dont on dispose sont cependant fort minimes ; mais employées avec sagesse et économie, elles permettent, avec les secours donnés depuis 1843 par la Sainte-Enfance, de créer et de soutenir des œuvres d'intérêt général, soit charitables, soit éducatrices : hôpitaux, crèches, orphelinats, ouvroirs, écoles ; de construire des églises, des oratoires et des presbytères.

**24. — Les persécutions. Augmentation du personnel.** Le personnel de l'apostolat augmenta en même temps que ses ressources ; et, comme il arrive souvent dans les choses de Dieu, ce fut une cause destinée à le détruire qui le multiplia : la persécution. Sans doute, les missionnaires n'avaient pas joui d'une paix complète durant les XVII<sup>e</sup> et XVIII<sup>e</sup> siècles ; mais quelques-uns d'entre eux seulement avaient été martyrisés ou étaient morts en prison. De 1815 à 1862, les édits persécuteurs se succédèrent avec rapidité en Extrême-Orient, principalement dans les missions confiées à la Société, dont les évêques, les prêtres et leurs fidèles furent les plus nombreux à verser leur sang pour la foi.

Le premier de cette héroïque phalange, un évêque blanchi dans les travaux du saint ministère, qu'il accomplissait en Chine depuis 1775, M<sup>gr</sup> Gabriel-Taurin Dufresse, avait déjà confessé la foi à Pékin en 1785 ; chassé de l'Empire du Milieu, il y était rentré au péril de sa vie, et avait été appelé en 1801 à gouverner la mission du Se-tchoan. Arrêté de nouveau le 18 mai 1815, il resta en prison pendant quatre mois. Ses juges prirent pour l'interroger les formes employées envers les hauts dignitaires, et le vice-roi Chang-Ming écrivit lui-même sa sentence de mort.

On dit que le saint vieillard appela son juge au tribunal de Dieu et lui annonça une mort prochaine, prédiction qui devait se réaliser. Il fut conduit sur la place septentrionale de Tchen-tou, accompagné de trente-trois chrétiens auxquels le mandarin, chef du cortège, commanda de renoncer à Jésus-Christ s'ils ne voulaient être pendus. En face de la foule immense groupée autour d'eux, les fidèles, à l'exception d'un seul, se déclarèrent prêts à mourir, et, se mettant à genoux, ils prièrent l'évêque de les absoudre. Le prélat leur adressa une courte exhortation, leur donna l'absolution, et sans manifester aucune émotion, il se tourna vers le bourreau et s'inclina. Le soldat éleva et abaissa son sabre, et la tête du martyr roula sur le sol.

Pendant des années, la persécution sévit en Chine, suivie, à dater de 1833, par les grandes persécutions qu'ordonnèrent dans leurs Etats les rois d'Annam. Les noms de Minh-mang, de Thieu-tri, de Tu-duc sonnent aux oreilles des catholiques d'Extrême-Orient, comme ceux de Néron et de Tibère à celles des chrétiens d'Occident.

Les martyrs de cette époque ne sont point des inconnus. Léon XIII en 1900, et Pie X en 1909 en ont placé 82 sur les autels en leur décernant le titre de Bienheureux [1].

---

[1] Voici les noms de ceux des Bienheureux qui furent membres de la Société des Missions-Étrangères :

G.-T. DUFRESSE, évêque de Tabraca, décapité le 14 septembre 1815 ;

J.-F. GAGELIN, étranglé le 17 octobre 1833 ;

J. MARCHAND, mort du supplice

Plusieurs centaines d'autres, dont les procès de Béatification sont préparés, attendent les mêmes honneurs.

Au récit de ces morts héroïques, il se trouva de nobles cœurs qui tressaillirent d'enthousiasme et d'envie ; il leur sembla si beau, et surtout si bon, de verser jusqu'à la dernière goutte de leur sang pour le Crucifié du Calvaire ! Ils se présentèrent nombreux.

Depuis son origine, le Séminaire des Missions-Etrangères n'ouvrait généralement ses portes qu'à des aspirants à l'apostolat déjà revêtus du sacerdoce ; il comprit que l'heure était venue d'élargir le cercle de son recrutement. Il reçut tous les séminaristes ayant fait leur cours de philosophie, et, plus tard, tous ceux qui avaient achevé leurs études classiques. Grâce à ces mesures, le nombre des entrées eut bientôt quadruplé, et, par voie de conséquence directe, celui des départs pour les missions. De 4 en 1819, et de 5 en 1821, le chiffre des partants monta à 15 en 1842, à 24 en 1847, à 26 en 1848.

En consultant les registres de la Société, nous voyons que, de 1660 à 1815, le total de ses membres s'est élevé à 324 ; de 1815 à 1862, 492 s'y sont adjoints ; c'était donc une moyenne annuelle de 10 contre 2 durant les XVII<sup>e</sup> et XVIII<sup>e</sup> siècles.

Il est permis d'admirer ce mouvement de progression ;

des cent plaies, le 30 novembre 1835 ;

J.-C. CORNAY, décapité le 20 septembre 1837 ;

F. JACCARD, étranglé le 21 septembre 1838 ;

P. DUMOULIN-BORIE, évêque élu d'Acanthe, décapité le 24 novembre de cette même année ;

A. SCHŒFLER, décapité le 1<sup>er</sup> mai 1851 ;

J.-L BONNARD, décapité le 1<sup>er</sup> mai 1852 ;

A. CHAPDELAINE, supplicié le 27 février 1856 ;

P.-F. NÉRON, décapité le 3 novembre 1860 ;

J.-T. VÉNARD, décapité le 2 février 1861 ;

E.-T. CUENOT, évêque de Métellopolis, mort en prison le 14 novembre suivant ;

J.-P. NÉEL, décapité le 18 février 1862.

mais laissez se développer les causes providentielles, et les résultats seront bien supérieurs.

De 1862 à 1880, les missionnaires envoyés en Extrême-Orient sont au nombre de 668, soit une moyenne de 37 chaque année ; de 1880 à 1912, cette moyenne est de 50, et, actuellement, la Société est composée de 1.276 ouvriers apostoliques [1].

**25. — Facilité des communications. Liberté de prédication.**

Les ressources en argent et en hommes ont donc augmenté simultanément : mais à quoi auraient-elles été utiles, si la Providence n'eût continué son action, en ajoutant à l'or et au sang deux autres forces, dont les représentants se mettent trop rarement à son service : la science et la politique ?

La première facilita les communications et diminua la durée des voyages. Au XVIIe et au XVIIIe siècle, les missionnaires, même ceux qui ne traversaient à pied ni la Perse, ni l'Inde, et s'embarquaient sur de bons voiliers, mettaient six, huit ou dix mois pour gagner Macao. Quand l'hélice remplaça la voile, il fallut encore plus de deux mois pour arriver en Chine, en doublant le cap de Bonne-Espérance. Le percement de l'isthme de Suez réduisit à un mois ou à cinq semaines la durée de la traversée de France en Extrême-Orient. Avec la rapidité des voyages, les relations augmentèrent ; au lieu de quelques vaisseaux faisant chaque année cette expédition, il y eut tous les 15 jours de grands steamers partant et arrivant à heures fixes.

Aux missionnaires qui se présentaient nombreux et

---

[1] La guerre a, de 1914 à 1919, notablement diminué le nombre de ceux qui travaillent dans les missions.

voyageaient facilement, la liberté de la prédication évan
gélique était nécessaire : la politique l'obtint ; elle y employa tantôt la force, comme en Chine et en Annam ;
tantôt la diplomatie, comme au Japon. Les traités de
1858, 1860, 1862, reconnurent, en ces pays, droit de cité
au catholicisme.

A ces causes de développement, il en faut ajouter une
autre et non la moins impor-
**26. — Missions nom-** tante, partie de Rome.
**breuses confiées à** Elu Pape, Grégoire XVI, qui,
**la Société des M.-E.** dans ses anciennes fonctions de
préfet de la Propagande, avait acquis une parfaite connaissance de la Société des Missions-Etrangères, étendit
le champ de ses travaux.

Il lui confia, en 1831, la Corée, à laquelle la même année
il adjoignit le Japon ; en 1838, il la chargea de la Mandchourie. Il décida la création, en 1840, du Vicariat apostolique du Yun-nan, et en 1841, de celui de la Presqu'île
de Malacca. En 1844, il divisa la Cochinchine en deux
missions ; en 1845, l'ancienne mission Malabare en trois :
Pondichéry, Maïssour et Coïmbatour ; en 1846, le Tonkin
occidental en deux ; la même année, il érigea le Japon,
le Kouy-tcheou et le Thibet en Vicariats apostoliques.

Heureux de voir ses ordres promptement et complètement obéis, il en exprima sa complète satisfaction dans
un bref très élogieux adressé le 16 juillet 1845 aux directeurs du Séminaire : « Comme preuves de votre sollici-
tude et de votre vigilance, disait-il, Nous avons d'abord
tant d'illustres prédicateurs de la parole de Dieu, héros
d'une force invincible, qui, jusqu'à nos jours, ont sans
hésiter scellé la foi de leur sang, et fécondé de ce sang
les Eglises de la Chine ; Nous avons ensuite ces excel-

lents évêques et missionnaires, dont, à notre grande joie, le nombre s'est accru, qui par leurs travaux, par leurs œuvres, et surtout par la formation du clergé indigène, affermissent et développent chaque jour la foi dans ces contrées. Nous aimons à Nous rappeler votre obéissance constante et absolue à ce Siège apostolique et à Notre Sacrée-Congrégation de la Propagande, obéissance que les prêtres de votre Société, entre d'autres vertus excellentes, ont toujours prêchée et pratiquée. »

Avec Pie IX, le développement continue. La méthode apostolique est appliquée avec une indéfectible persévérance. Après l'augmentation du nombre des prêtres qui instruisent et baptisent des païens, forment des chrétiens, les évêques fondent des Eglises. En 1848, la Société accepta le Kouang-tong et le Kouang-si; en 1855, la Birmanie. De 1850 à 1888, six Vicariats apostoliques furent établis, et neuf autres de 1888 à 1914, de sorte que depuis cette dernière année elle en dirige 35.

C'est donc, en 84 ans, 30 Vicariats apostoliques nouveaux, en moyenne un Vicariat en moins de trois ans, que la Société a dû organiser.

**27. — Total des nouveaux Vicariats apostoliques. Obligations imposées par leur établissement.**

Si l'on réfléchit à la préparation que nécessite la création d'un Vicariat, aux soins et au personnel qu'exige son organisation, on ne s'étonnera pas qu'elle ait décliné les offres que Rome lui a faites de plusieurs autres missions en Asie et en Afrique.

Pour constituer un Vicariat apostolique sur des bases solides, en effet, il faut un évêque, un provicaire, un trésorier ou procureur, un supérieur de séminaire, des prêtres européens, des prêtres indigènes, ou tout au moins la facilité d'en recruter. Des ressources locales sont indispensables aux paroisses et aux œuvres. En un mot, un Vicariat apostolique réclame, pour vivre et prospérer, tous les organes essentiels à un diocèse en pays chrétien.

**28. — Utilité de la création de nouveaux Vicariats apostoliques.** L'utilité de l'augmentation de ces circonscriptions n'est plus à démontrer. « Sans doute, écrivait Mgr Laouënan à Mgr Dépommier en 1868, dans les petits Vicariats, les œuvres diverses n'y peuvent être aussi prospères et florissantes que dans les grands ; mais ces œuvres, telles qu'elles sont, ne manquent pas de produire du bien, qui, sans elles, n'existerait pas. Pour appliquer ceci au Coïmbatour, il me paraît certain que, s'il n'avait pas constitué un Vicariat particulier, il n'y aurait eu ni séminaires, ni écoles, ni couvents, ni orphelinats, ni une foule d'autres bons résultats qu'obtient la présence d'un évêque. » Ces réflexions sont de la plus grande exactitude et peuvent être appliquées à peu près partout.

Si elles avaient besoin d'un corollaire, on le trouverait dans les actes des gouvernements irréligieux qui diminuent, autant qu'ils le peuvent, le nombre des évêchés, et dans la pratique de Rome qui s'efforce de l'augmenter.

**29. — Diocèses.** Lorsque les Vicariats apostoliques sont suffisamment affermis dans la paix et dans la liberté, Rome les élève au rang de diocèses ; c'est ainsi qu'a agi Léon XIII, en constituant en 1886 la hiérarchie dans les Indes, et en 1891 au Japon.

Est-il utile de citer le nom des principaux ouvriers

**30. — Noms de quelques évêques et missionnaires du XIXe siècle.** apostoliques de cette période de progrès ? Mgr Retord, l'intrépide évêque du Tonkin occidental, dont Mgr Forcade écrivait : « On vénère en lui la plus haute expression du courage, de la capacité et de la vertu » ; Mgr Bonnand, l'éminent chef de la mission de Pondichéry, « qui jeta l'Inde dans le mouvement catholique », selon la juste parole de Mgr Laouënan, un de ses très dignes successeurs ; Mgr Charbonnaux, dont la charité égalait le zèle ; J.-P. Chopard, le saint apôtre des Nicobar ; Beurel, le fondateur du Singapore catholique ; les savants évêques, Pallegoix au Siam et Bigandet en Birmanie ; Pierre Dourisboure, le doux et persévérant apôtre des sauvages Bahnars ; Dupuis, le fondateur de la Congrégation enseignante du Saint et Immaculé Cœur de Marie dans les Indes ; Mgr Puginier, le soutien des Français au Tonkin ; Mgr Guillemin, le bâtisseur de la superbe église de Canton ; Mgr Albrand, l'apôtre du Kouy-tcheou ; Ch. Renou, le pionnier du Thibet ; Mgr Pérocheau, l'austère évêque de Maxula, Vicaire apostolique du Se-tchoan ; Mgr Petitjean, à qui la Providence accorda l'honneur et la joie de retrouver des descendants, toujours fidèles à Dieu, des chrétiens japonais du XVIe siècle. Combien d'autres courageux et saints missionnaires nous devrions encore nommer !...

**31. — Statistique de la Société et de ses missions en 1822, 1860, 1917.** Grâce à leurs travaux et aux événements favorables dont nous venons de parler, les résultats en conversions et en œuvres de zèle, d'instruction et de charité furent considérables. Nous les exposerons avec détails dans plusieurs des chapitres suivants ; mais, dès maintenant des statistiques d'ensemble faites pour différentes époques en donneront une idée générale.

En 1822, la Société était chargée de :

5 missions ;

elle comptait :

6 évêques,

27 missionnaires,

135 prêtres indigènes,

9 séminaires avec 250 élèves,

300.000 chrétiens.

Chaque année le nombre des baptêmes d'adultes s'élevait en moyenne à 3.000 ou 3.500 ; celui des baptêmes d'enfants de païens à l'article de la mort, à environ 100.000.

En 1860, la Société avait :

22 missions,

21 évêques,

230 missionnaires,

300 prêtres indigènes,

11 séminaires avec 400 élèves,

550.000 chrétiens.

Annuellement les ouvriers apostoliques baptisaient en moyenne de 7.000 à 8.000 païens adultes et 140.000 enfants de païens.

En ce moment, 1917, la Société dirige :

35 missions.

Elle compte :

2 archevêques et 40 évêques,

1.234 missionnaires.

Ses missions possèdent :

1.043 prêtres indigènes,

3.268 catéchistes,

425 religieux européens et indigènes,

6.839 religieuses européennes et indigènes,

50 séminaires,

5.322 collèges, pensionnats et écoles avec 184.093 élèves,

92 écoles agronomiques et industrielles avec 2.594 enfants,

388 orphelinats et 16.598 enfants,

476 dispensaires et pharmacies,

114 hôpitaux, hospices et léproseries,

une population catholique de 1.639.853 âmes.

Le nombre des conversions obtenues s'est élevé :

en 1913 à 31.903,

en 1914 à 32.839,

en 1916 à 36.434,

en 1917 à 29.331.

III

# NATURE ET ORGANISATION
# DE LA SOCIÉTÉ DES MISSIONS-ÉTRANGÈRES

**32. — La Société des M.-E. est une Société de prêtres séculiers. Motifs.** La Société des Missions-Etrangères n'est pas un Ordre religieux ; elle est une Société composée d'évêques et de prêtres séculiers, et de frères. D'après le nouveau Droit canonique, elle est de droit pontifical et régie par le Titre XVII du Livre II du Code. Dès ses débuts, elle ne soumit pas ses membres à l'obligation absolue de la pauvreté et de l'obéissance ; elle ne fit appel qu'à leur bonne volonté appuyée sur la grâce de Dieu, et s'en servit comme de lien pour les unir entre eux et les attacher à leur vocation. Fonder une institution sur de telles bases, n'était-ce pas une utopie ? Ne pouvait-on, avec raison, redouter la fragilité des intentions, l'inconstance des sentiments, le dégoût et la lassitude d'une vie de luttes et de périls ?

Mgr Lambert de La Motte fut de ceux que ces craintes assaillirent. En face des forces immenses du paganisme, des obstacles qui se dressaient devant la nouvelle Société, de la dispersion des missionnaires, il crut nécessaire de resserrer l'union par les vœux ordinaires de pauvreté et d'obéissance, auxquels il en ajouta d'autres sur la mortification, la prière et l'oraison.

Présenté à Rome en 1668, le projet de l'évêque de Bérythe ne fut pas accepté.

Les Congrégations et le Souverain Pontife laissèrent

la Société telle que la Providence l'avait fait naître.

Ils ne l'ont pas changée davantage, lorsqu'après deux siècles d'existence la Société présenta son Règlement général à leur approbation. Le motif de cette conduite est aussi simple que logique.

La constitution d'une Société doit être en rapport avec son but. Or, la Société des Missions-Etrangères a pour but d'organiser des Eglises sur le modèle des Eglises établies dans le monde chrétien, c'est-à-dire gouvernées par des évêques et des prêtres séculiers ; et de former un clergé indigène séculier, qui soit en droit et en fait le clergé de l'Eglise ou de la mission dans laquelle il travaille. Lorsque M. Olier fonda la Compagnie de Saint-Sulpice avec le but de diriger des séminaires, par conséquent d'instruire le clergé séculier de France, il n'imposa pas de vœux, il voulut que son Institut ressemblât autant que possible à ce clergé, afin qu'il présentât aux lévites les modèles de ce qu'eux-mêmes devaient être un jour : « *Nec aliter vivit, nisi vita cleri* », c'est une parole qu'il répétait souvent.

Pour le même motif, la Société des Missions-Etrangères ressemble par l'essence de sa constitution au clergé ordinaire des diocèses ; chargée de former et de diriger des prêtres séculiers, elle est une association séculière ; instituée pour fonder et organiser des Eglises, elle est composée d'évêques et de prêtres, tels que ceux qui gouvernent les Eglises de l'univers.

Sur ce point, sa constitution est si bien en harmonie avec son but, que si ses prêtres prononçaient des vœux d'obéissance et de pauvreté, ils ne pourraient, dans l'ordinaire de leur vie, les pratiquer avec l'exactitude voulue par les règles canoniques et religieuses ; ils en seraient dispensés par Rome en devenant évêques. Elle se contente de les engager à pratiquer l'obéissance et la pauvreté au nom de la perfection à laquelle, de par leur vocation, doivent tendre les prêtres et les missionnaires. Le prêtre apôtre est une création de Notre-Seigneur Jésus-Christ, il en doit suivre les conseils. Parmi les sacrements, il y a l'Ordre, et non la profession religieuse.

D'ailleurs, dans son infinie bonté, Dieu n'adapte-t-il pas en quelque sorte sa grâce aux bons désirs et aux aspirations honnêtes de l'homme ; et n'existe-t-il pas des esprits et des cœurs qui, tout en reconnaissant le grand mérite des vœux, ne se sentent point appelés à les prononcer, mais éprouvent le désir de se dévouer dans leur liberté toujours conservée, dans un acte permanent de volonté individuelle, générateur d'un sacrifice immuable ? La Providence leur a donné une Société apostolique propre à les satisfaire et prête à les recevoir.

Afin de maintenir ses prêtres attachés aux missions,

**33. — Acte de bon propos.** la Société ne leur demande que la résolution ferme et le bon propos de persévérer jusqu'à la mort dans leur sainte vocation. Au jour de leur départ, prosternés au pied de l'autel, les jeunes missionnaires prononcent l'acte de bon propos dont voici la traduction :

« Moi, touché par l'exemple de Notre-Seigneur Jésus-Christ et de ses saints Apôtres, et désirant vivement servir Dieu seul et sa gloire en propageant la vraie foi parmi les infidèles ; après avoir mûrement réfléchi et imploré le secours divin ; confiant dans la protection de la Très Sainte Vierge Marie mère de Dieu, de saint Joseph et de saint François-Xavier que je vénère comme mes patrons, je prends la résolution d'appartenir à la Société des Missions-Etrangères érigée par l'autorité apostolique, et d'unir irrévocablement ma vie à celle des missionnaires déjà reçus dans cette Société.

« C'est pourquoi, Dieu aidant, je prends la ferme résolution d'observer le Règlement général de la Société et les règles particulières de la mission ou de l'établissement qui me sera assigné, de combattre le bon combat jusqu'à la fin de ma vie, et de terminer mes jours dans ma sainte vocation.

« Je supplie donc le Dieu de mon cœur, lui que j'ai choisi pour mon partage éternel, de conserver et d'augmenter en moi l'esprit de charité dont il s'est servi pour m'inspirer ce dessein ! Qu'il daigne aussi, après m'avoir donné de vouloir, m'accorder de mener à bonne fin cette entreprise. Ainsi soit-il. »

Tel est le seul engagement personnel qui lie les membres de la Société des Missions-Étrangères.

Après l'avoir signé, le jeune missionnaire est considéré et traité comme un membre de **34. — Agrégation à la Société des M.-E.** la Société ; il participe à ses faveurs spirituelles et est assisté par elle dans tous ses besoins. Cependant il n'est définitivement agrégé que trois ans plus tard.

Cette agrégation n'est pas un acte arbitraire, mais la conséquence directe et absolue de l'envoi du missionnaire, de sa fidélité aux devoirs de sa vocation, et de son obéissance à ses supérieurs dans les différents postes qui lui auront été confiés.

Par cette admission définitive, le missionnaire possède tous les droits que le Règlement accorde aux membres de la Société, jouit de tous ses privilèges, et demeure à sa charge jusqu'à la mort.

Les autres liens communs sont : l'unité et la communauté du but tel que nous l'avons exposé, et le Règlement général approuvé par le Saint-Siège.

**35. — Règlement de la Société.** Ce Règlement a été composé lentement, par l'expérimentation graduelle, aux Indes, en Indo-Chine, en Chine, au Japon, en France, de ses principaux articles. Aussi est-il applicable partout, sans qu'il soit besoin de demander ou d'accorder de dispenses.

Il traite de trois points principaux : la fin de la Société ; son gouvernement ; la vie et la mort des missionnaires. Examinons chacun de ces points :

**36. — Fin unique de la Société.** En exposant l'origine de la Société nous avons indiqué sa fin ; le Règlement la résume ainsi : « La Société, n'ayant d'autre raison d'être que les Missions-Etrangères dont elle porte le nom, dirige tous ses efforts vers ce but unique. Toutes ses œuvres, tous ses établissements n'ont d'autre but fixe que la propagation de l'Evangile et l'établissement de la religion chrétienne dans les pays infidèles. Tous ses membres, quel que soit le poste que la Providence leur ait assigné, concourent à l'œuvre commune, et peuvent à juste titre se glorifier d'annoncer Jésus-Christ aux nations infidèles. » (Art. iv.)

Précisant l'importance comparative des travaux de la Société, le Règlement déclare :

« Voici l'ordre des fins que les ouvriers apostoliques doivent se proposer : 1º dans les lieux où il y a déjà des chrétiens, former et élever à la cléricature les sujets qu'ils en trouveront capables ; 2º prendre soin des chrétiens existants ; 3º travailler à la conversion des infidèles, en sorte qu'ils préfèrent, autant que les circonstances le permettront, le premier objet au second et le second au troisième. » (ART. III.)

De ces articles se dégage clairement la conclusion parfaitement exacte que la Société s'occupe uniquement des missions, et que tous ceux qui prennent place dans ses rangs sont voués à l'apostolat lointain.

Ils y trouvent d'ailleurs une diversité de situations et d'occupations propres à utiliser leurs différentes aptitudes, soit dans le ministère actif des districts, soit dans le professorat ou dans les aumôneries de couvents, d'hôpitaux, de pensionnats, et dans la direction d'œuvres d'utilité générale.

Les Supérieurs de la Société sont :

**37. — Gouvernement de la Société.** 1ᵒ Le Supérieur du Séminaire et de la Société, en qui réside l'autorité suprême.

2ᵒ Les Supérieurs des Missions, généralement archevêques ou évêques.

Le Supérieur du Séminaire et de la Société est aidé par deux assistants, et par un Conseil central formé des représentants des groupes de Missions.

Il est nommé par une Assemblée générale composée des Supérieurs des Missions et d'un certain nombre de missionnaires.

Cette Assemblée générale se tient tous les dix ans et s'occupe des questions relatives au Règlement de la Société. Le Conseil central est formé des représentants des groupes de Missions et des Etablissements communs. Ils sont au nombre de 9.

Le Supérieur, les assistants, les représentants de groupe, et les missionnaires qui peuvent être adjoints pour les divers services, constituent l'administration centrale.

**38. — Procures.** Les rapports des missions avec le Séminaire sont assurés par les maisons de correspondances ou procures. Ces procures donnent l'hospitalité aux ouvriers apostoliques allant en Extrême-Orient et venant en Europe ; elles reçoivent du Séminaire et transmettent à leurs destinataires les objets expédiés, l'argent, les lettres.

La première procure date de 1672, elle fut fixée à Juthia. Celle de Bantam dans l'île de Java n'eut qu'une existence éphémère ; elle fut remplacée en 1684 par celle de Surate, et en 1688 par celle de Pondichéry qui exista jusqu'à la Révolution française.

En Chine, la procure, après avoir subsisté à Canton de 1685 à 1732, fut ensuite installée à Macao. C'est de cette petite colonie portugaise que pendant plus d'un siècle tous les missionnaires partirent pour pénétrer en Chine et en Indo-Chine.

Depuis 1847, la procure de Macao a été transférée à Hong-kong, l'importante colonie que l'Angleterre acquit à cette époque sur les côtes de Chine.

Actuellement, les procures d'Extrême-Orient sont au nombre de quatre ; chacune d'elles est fixée dans les villes de Hong-kong, Chang-haï, Singapore et Saïgon.

En Europe, il y en a trois : à Marseille, à Londres et à Rome. L'établissement d'une procure dans cette dernière ville avait été, dès 1659, recommandé par la Propagande aux Vicaires apostoliques. Le prêtre placé dans ce poste s'occupe des affaires générales de la Société, présente aux Congrégations les cas difficiles qui surgissent dans les missions, et en obtient une prompte solution.

**39. — Prescriptions pour la vie spirituelle des missionnaires.**

Les prescriptions du Règlement pour la vie et la mort des missionnaires sont presque toutes d'ordre spirituel. Voici les principales :

« En entrant dans la mission, les nouveaux missionnaires renouvelleront entre les mains du supérieur le bon propos de persévérer jusqu'à la mort dans leur sainte vocation, d'observer avec fidélité le Règlement général de la Société et le Règlement particulier de la mission. » (ART. CXXV.)

« Ne jamais tellement s'appliquer au salut du prochain, qu'on en vienne à se négliger soi-même, ni se livrer si absolument au goût des exercices de la vie intérieure, qu'on néglige les fonctions du saint ministère. » (ART. CXXII.)

C'est cet article du Règlement qu'un missionnaire de mérite rappelait ainsi : « N'oublions pas que nous sommes venus en mission pour sauver nos âmes, n'allons pas manquer notre coup. »

« Accepter comme venant de Dieu l'emploi et le poste que les supérieurs jugeront à propos de leur confier. » (ART. CXXVI.)

« Prendre l'habitude d'être toujours utilement occupés, soit au ministère des âmes, soit à l'étude des langues du pays, ou des sciences ecclésiastiques. En ce qui concerne l'étude des langues, s'appliquer à les posséder à fond, à les parler avec correction et facilité, convaincus que c'est un puissant moyen de rendre leur ministère agréable aux peuples et fécond en fruits de salut. » (ART. CXXXIV.)

« Faire régulièrement chaque jour tous ses exercices de piété. » (ART. CXXIII.)

« Se confesser tous les quinze jours, au moins, ou dans des cas fort rares tous les mois. » (ART. CXXIV.)

« Faire exactement la retraite annuelle. A l'issue de

cette retraite, les missionnaires renouvelleront le bon propos de persévérer jusqu'à la mort dans leur sainte vocation, d'observer avec fidélité le Règlement général de la Société et le Règlement particulier de leur mission. » (ART. CXXIV, CXXV.)

**40. — Prière perpétuelle.** En 1886, a été établie dans toute la Société la prière perpétuelle. « Sans doute, disait à ce sujet le Conseil du Séminaire des Missions-Etrangères, la prière n'a pas besoin de revêtir parmi nous une forme particulière et déterminée. Il n'en est pas moins vrai que souvent la forme extérieure est un garant d'exactitude et un stimulant pour la ferveur. »

Les sept jours de la semaine et les vingt-quatre heures du jour ont donc été répartis entre les missions, les procures, le Collège général et le Séminaire des Missions-Etrangères.

Par suite de la différence de longitude entre Paris et l'Extrême-Orient, la prière est perpétuelle sans prendre sur les heures de la nuit.

Chaque mission remplit ce devoir pendant quatre heures par semaine ; chaque missionnaire une demi-heure également par semaine ; le Séminaire, huit heures chaque jour, durant les heures qui correspondent aux heures de nuit dans les missions, et dans le Séminaire chaque aspirant pendant une demi-heure.

**41. — Maison de retraite spirituelle.** Afin d'augmenter encore les moyens de sanctification, la Société a fondé à Hong-kong la maison de Nazareth. Le but principal de cette maison est de fournir à tous les membres de la Société, qui en ont le désir et l'autorisation de leurs supérieurs, un milieu conve-

nable pour vivre dans le silence, la prière et la méditation pendant quelques jours, pendant plusieurs semaines,
ou même plus longtemps. Le second but est de prier
chaque jour plus spécialement pour toutes et chacune
de nos missions. L'Eglise ne fonde jamais un diocèse sans
lui imposer l'obligation de la prière publique, par l'établissement des chapitres ou des collégiales. Les missions
n'ayant pas et ne pouvant pas avoir de semblables institutions, la Société a jugé bon de posséder une maison
dans laquelle on s'acquitte chaque jour d'un devoir analogue.

**42. — Sanatoriums.** En cas de maladie, les supérieurs se font un devoir de fournir à leurs prêtres les secours dont ils ont besoin pour se rétablir, chose d'autant plus facile actuellement, que, dans tous les pays de missions, il y a des médecins européens qui donnent avec un grand dévouement leurs soins
aux ouvriers évangéliques.

Si un changement d'air est nécessaire, les évêques
doivent offrir aux malades les moyens de se transporter
soit dans une autre partie de la mission, soit dans un
sanatorium.

La Société fut pendant longtemps sans posséder aucun
sanatorium, n'en sentant pas la nécessité. Ses missionnaires, en effet, une fois rendus dans leurs lointains Vicariats, à une époque où les communications étaient
lentes et périlleuses, n'en sortaient presque jamais.

Avec l'augmentation du nombre des ouvriers apostoliques, la facilité et la rapidité des communications, l'établissement des sanatoriums a été reconnu nécessaire et
leur fonctionnement aisé. Il en existe trois :

Le premier, Béthanie, fondé à Hong-kong, date

de 1874 ; le second, Saint-Théodore, est situé à Welling-
ton, station du Coïmbatour, dans les Nilgiris, la plus belle
et la plus saine région du sud de l'Inde ; le troisième, Saint-
Raphaël, est depuis 1886 à Montbeton (Tarn-et-Garonne)

**43. — Soins aux mis-
sionnaires malades et
anciens.** Le Règlement s'est préoccupé des missionnaires qui ne désirent point aller dans un sanatorium, et préfèrent dormir leur dernier sommeil dans la terre qui a été pour eux la terre de promission. « En arrivant ici, sous ces manguiers que vous voyez, disait M. Naude-Theil à ceux qui le pressaient d'aller se soigner en France, je promis aux Carians de ne jamais les abandonner, de mourir même au milieu d'eux. Je ne voudrais pas m'exposer à manquer à ma parole. »

Pour ceux-là, le Règlement contient cet article d'une
touchante charité :

« Les supérieurs prendront les mêmes soins des missionnaires auxquels l'âge et les infirmités ne permettent
plus le travail ; ils les entoureront de toutes les atten-
tions et de tous les secours que réclame leur état, et leur
procureront dans la mission même, s'ils le désirent, une
retraite honorable, dans laquelle ils puissent s'occuper
uniquement de leur salut. » (ART. CXLVII.)

**44. — Messes après
la mort.** Attentive à l'existence active et à la vie souffrante de ses membres, la Société des Missions-Etrangères ne saurait les oublier après leur mort. Que le défunt ait été agrégé ou non, tous les évêques et les prêtres de la Société célèbrent une messe pour le repos de son âme ; et ceux de la mission à laquelle il appartient en

célèbrent trois. De plus, tous doivent dire chaque année, après l'octave de la fête de saint François-Xavier, une messe pour les membres défunts de la Société. C'est l'association qui continue par delà la mort, dans ce qu'elle a de meilleur et de plus élevé, l'union en Dieu.

**45. — Compte rendu annuel.**

Ces morts sont connues de tous les membres de la Société, non seulement par une lettre officielle écrite immédiatement, mais encore par le *Compte rendu* publié chaque année.

Ce volume, de 300 à 400 pages in-8°, porte aux missionnaires des nouvelles de la Société entière. Il renferme un résumé des faits principaux qui se sont passés dans les missions, un tableau statistique du personnel, des travaux et des œuvres, et une notice sur chaque ouvrier apostolique décédé.

Au moyen âge les moines s'en allaient, le rouleau des morts pendu au col, annoncer aux monastères éloignés les départs pour l'éternité de leurs frères en religion, et de vive voix ils racontaient les actes qui avaient réjoui, attristé ou glorifié les couvents qu'ils connaissaient.

Tel ce Compte rendu transmet aux missionnaires du Thibet le récit des conquêtes pacifiques faites en Birmanie ou en Annam ; il unit dans les mêmes actions de grâces, les mêmes regrets et les mêmes prières tous les évêques et les prêtres des Missions-Étrangères.

---

[1] Outre ce compte rendu, la Société a des *Annales* qui sont publiées tous les deux mois.

IV

# LE SÉMINAIRE
## DES MISSIONS-ÉTRANGÈRES

**46. — Situation du Séminaire des M.-E.** Le Séminaire des Missions-Étrangères fut dès son origine établi à Paris, à l'angle de la rue du Bac et de la rue de Babylone, à peu près à l'endroit où il se trouve aujourd'hui, mais dans d'autres bâtiments. L'édifice actuel a été construit de 1684 à 1690, et agrandi de 1869 à 1876.

**47. — Directeurs et Professeurs.** Le Séminaire des Missions-Étrangères comprend deux parties :

1° L'administration centrale, dont nous avons parlé dans le chapitre de l'organisation de la Société ;

2° Le Séminaire, chargé de l'enseignement et de la formation des séminaristes. C'est de lui seul dont il s'agit ici.

Il se divise actuellement en deux sections : l'une à Paris, rue du Bac, 128 ; l'autre à Bièvres (Seine-et-Oise), au séminaire de l'Immaculée-Conception.

A la tête de chaque section est un directeur nommé par le Supérieur de la Société qui nomme également les professeurs.

Tous, directeurs et professeurs, sont d'anciens missionnaires, connaissant bien la vie apostolique, et par conséquent capables de former les séminaristes à l'avenir qui leur est réservé.

A propos de leur choix, le Règlement fait cette importante observation :

« Les Supérieurs des Missions, considérant que le bien général de la Société exige que le Séminaire de Paris soit pourvu des hommes les plus aptes à remplir convenablement les fonctions de directeurs et de professeurs à l'égard des aspirants, se prêteront volontiers, par dévouement pour la Société, à la demande faite par le Supérieur, et le sujet élu acceptera sa nouvelle déstination comme un moyen de rendre aux Missions de plus grands services. »

**48. — Aspirants.** Les séminaristes sont désignés sous le nom d' « aspirants », appellation que nous trouvons pour la première fois dans les registres du XVIII$^e$ siècle, et qui vient sans doute de l'expression aspirer à l'apostolat.

En 1659, la Propagande traça aux Vicaires apostoliques leur portrait. Nous avons cité ses paroles dans notre premier chapitre. Elle demandait « des hommes capables par leur âge et leur bonne santé de soutenir les travaux évangéliques ; prudents, discrets, dignes par leurs vertus de servir d'exemple dans la foi chrétienne qu'ils professent, et sachant s'accommoder de l'esprit et des mœurs d'autrui. »

A ce type général, ajoutons ces traits que nos anciens nous ont légués, chaque fois qu'ils ont énuméré les qualités requises dans les futurs prédicateurs de la foi : une volonté mûrement réfléchie de se consacrer pour toujours au service des missions, dans une vie d'abnégation, de pauvreté, d'obéissance et de sacrifice ; le désir de sauver des âmes et d'étendre le royaume de Jésus-Christ ; une vertu solide, un jugement droit, un caractère exempt de travers et de singularités, des talents ordinaires.

Le Conseil du Séminaire des Missions-Etrangères ne

**49. — Admission au Séminaire des M.-E. Conditions.** prononce jamais une admission définitive, sans avoir pris des renseignements près des supérieurs ecclésiastiques, et spécialement du supérieur du Séminaire ou de l'établissement dans lequel le postulant a fait ses études. Quand les renseignements sont bons, la demande d'admission est toujours favorablement accueillie.

On pense généralement que pour être missionnaire il faut un tempérament vigoureux. La santé doit évidemment entrer en ligne de compte, mais encore est-il bon de n'y pas attacher une importance extraordinaire et de ne pas se prononcer d'une façon absolue. On se souvient, en Birmanie, de cet horoscope prononcé par Mgr Bigandet sur M. Bertrand, à son arrivée en 1857. Le nouveau venu était petit, maigre, un peu pâle, et l'évêque déclara tout net : « Les missionnaires de ce genre devraient apporter leur cercueil avec eux. » Le missionnaire « de ce genre » travailla plus de 40 ans, développa notablement son district, construisit plusieurs églises et plusieurs écoles. Il mourut en 1899, dans sa 64e année. M. Delpech, le vénéré supérieur de notre Séminaire de 1867 à 1904, donnait avec raison comme règle pratique « qu'il suffit, pour être accepté aux Missions-Etrangères, d'être capable de supporter les travaux du ministère en France ».

Le Séminaire ne reçoit aucun sujet ayant fait la profession ou simplement le noviciat dans un Corps religieux ou dans une Congrégation dont les membres sont liés par des vœux.

Il n'admet pas non plus de sujets âgés de plus de 35 ans, « à moins qu'ils ne joignent à une piété éminente une capacité spéciale pour l'enseignement ou la direction des affaires, et qu'ils ne soient doués d'une très heureuse mémoire qui les rende propres à apprendre les langues étrangères. » (Art. LXXVI.)

Il agrée des étrangers, mais sous cette réserve prescrite par le Règlement : « On ne recevra, sauf les cas de vraie nécessité, aucun ecclésiastique dont la langue maternelle ne serait pas le français. » (Art. LXXVI.)

En conséquence de cette dernière clause, c'est en France que la Société des Missions-Etrangères se recrute presque entièrement ; mais elle accepte des séminaristes originaires de Belgique, de Suisse, d'Angleterre, de Hollande, lorsque, suivant l'expression du Règlement, « leur langue maternelle est le français », ou lorsqu'ils connaissent bien cette langue.

**50. — Frères coadjuteurs.** La Société reçut, dès son origine, et reçoit encore maintenant des Auxiliaires ou Frères coadjuteurs, qui remplissent différentes fonctions au Séminaire ou dans les Etablissements communs, et coopèrent selon leurs forces et leur situation à l'œuvre générale.

**51. — Mode de recrutement.** La Société n'a fondé ni écoles apostoliques, ni juvénats, parce que, n'ayant qu'un seul but, elle a jugé meilleur et plus sûr d'accepter uniquement des jeunes gens d'un certain âge, capables de réflexion et sachant bien ce qu'ils veulent.

Cependant, elle peut prendre à sa charge des enfants désireux de se consacrer à l'apostolat, et, dans ce cas, elle les confie à des institutions diocésaines. Les écoles spéciales pour les vocations tardives lui ont parfois envoyé leurs étudiants.

En général, elle trouve ses recrues parmi les élèves'

des petits séminaires qui ont achevé leurs études classiques, parmi les élèves des grands séminaires et les jeunes
prêtres récemment engagés dans le saint ministère. Jusqu'à ce jour, elle n'a eu qu'à se louer de ce mode de recrutement ordinairement favorisé par tous les évêques. On
connaît les sentiments du cardinal Pie exprimés en ces
termes : « La tribu sacerdotale ne se maintient et ne s'accroît chez nous, que parce qu'elle fournit son ample contingent au recrutement apostolique. Dieu ne se laisse pas
vaincre en générosité. Les sacrifices que nous lui faisons
de si grand cœur seront le principe d'une bénédiction
plus abondante et plus féconde pour nos missions indigènes. » Et, expérience faite, il ajoutait : « Je considère
qu'un prêtre donné à l'apostolat vaut une dizaine de
vocations dans mon diocèse. »

Le cardinal Bourret pensait et parlait de même : « Plus
mes enfants partiront nombreux prêcher l'Evangile dans
les missions, plus Dieu bénira mon diocèse et accroîtra
le nombre des vocations sacerdotales. »

**52. — Statistique du recrutement par diocèse de France.** Cette générosité des évêques envers les Missions-Etrangères ne saurait s'apprécier par des chiffres ; ceux-ci n'en offrent pas moins quelque intérêt. Près de diocèses qui comptent 100 ou
150 représentants dans la Société, se placent des diocèses
qui n'en comptent pas 10. D'où viennent ces différences ?
De la richesse ou de la pauvreté en prêtres des diocèses ?
Assurément. Mais aussi des circonstances de temps, de
lieux, des influences plus ou moins directes, des
relations, des hommes, et surtout de la permission et de
la volonté de la Providence.

S'il est impossible de déterminer exactement les causes

qui ont amené les jeunes lévites aux Missions-Etrangères, il est facile de savoir quels diocèses les alimentent le plus abondamment :

Depuis deux siècles et demi, Lyon lui a offert 198 missionnaires ; est-il donc en tête de la liste ? Le Puy pourrait lui disputer cet honneur, car, avec sa population qui ne dépasse guère 300.000 âmes, tandis que celle du diocèse de Lyon approche de 900.000, Le Puy enregistre 153 noms apostoliques ; le diocèse de Rodez 144.

Après Rodez, se place Besançon avec le chiffre de 126 ; Rennes en compte 113, Angers 95, Nantes 81, Strasbourg 77, Luçon 76, Paris et Bayonne 74, Saint-Brieuc et Cambrai 73, Coutances 65.

Les diocèses, qui jusqu'à ce jour ont fourni le moins de prêtres aux Missions-Etrangères, sont : Périgueux, Soissons, Châlons-sur-Marne, Ajaccio et Nice. Mais il est à remarquer que certains diocèses restés sans représentants dans la Société durant 20, 30 et 40 années, lui ont ensuite, à intervalles rapprochés, envoyé un grand nombre de séminaristes.

De Montpellier, nous trouvons un directeur du Séminaire des Missions-Etrangères en 1664, personne depuis cette époque jusqu'à 1858, et 16 missionnaires de 1858 à 1914 ; de Quimper, personne entre 1845 et 1871, et 26 de cette époque à 1914 ; de Luçon, 3 entre 1818 et 1856, et 49 de 1887 à 1914.

**53. — Diminution du recrutement depuis la séparation de l'Eglise et de l'Etat.** — Le recrutement, hélas ! a singulièrement diminué depuis la séparation de l'Eglise et de l'Etat. Les diocèses de France ont subi une crise dont le contre-coup s'est durement fait sentir aux Missions-Etrangères. Au lieu des 324 aspirants que le Séminaire renfermait en 1900, il en possédait à peine une centaine en 1913. La guerre a notablement augmenté le vide de ses rangs.

Rarement on a pu répéter avec plus de vérité et de tristesse : « *La moisson est grande et les ouvriers sont peu nombreux* », et avec un éloquent évêque missionnaire : « Vous, Lévites du Sanctuaire qui grandissez à l'ombre des autels, et vous préparez dans le silence et la prière à répondre à l'appel du Seigneur, si la grâce de Dieu vous inspire le désir d'être missionnaire, ne résistez pas, obéissez ; si le Seigneur vous dit de laisser votre pays natal et de le suivre dans la terre qu'il vous montrera, n'hésitez pas, partez, parce que les âmes vous attendent, et en vous elles attendent le Sauveur. »

**54. — Epoque de l'entrée au Séminaire.** L'époque de l'entrée au Séminaire des Missions-Etrangères dépend de la situation du postulant. Des raisons impérieuses peuvent parfois empêcher l'exécution immédiate de son projet. Il en est ainsi pour les prêtres qui n'ont la liberté de se présenter que si l'autorité diocésaine veut bien leur en accorder la permission. Dans les circonstances ordinaires, l'époque de la rentrée est fixée entre le 8 et le 14 septembre, parce que l'année scolaire s'ouvre le premier lundi qui suit cette dernière date, fête de l'Exaltation de la Sainte-Croix.

Les postulants, empêchés de venir à ce moment, choisiront utilement la deuxième quinzaine du mois de février, afin de commencer régulièrement les études du second semestre.

En dehors de ces deux époques, l'entrée aurait presque toujours l'inconvénient de faire perdre, pour les études, une partie de l'année.

Le service militaire à brève échéance n'est pas un motif de retard. Grâce à une entrée immédiate, les études auront plus d'unité, et la formation aux vertus apostoliques rendra l'aspirant plus ferme pour supporter ces années d'épreuve.

**55. — Gratuité de l'entretien.** Le Séminaire, de même que les noviciats des Congrégations religieuses, n'impose à l'aspirant aucune charge, ni pour le trousseau, ni pour la pension, ni pour l'entretien. Quand il a admis un postulant, il le traite comme un enfant de la famille. Mais ses besoins étant considérables, et ses ressources limitées, il accepte avec reconnaissance ce que les aspirants ou leurs familles veulent bien lui offrir spontanément pour son œuvre.

Il est bon que les séminaristes apportent leurs vêtements, leur linge, ainsi que leurs livres de sciences, de linguistique, d'histoire, de géographie, de philosophie, de théologie, de spiritualité, d'Ecriture sainte, de droit canon.

**56. — Règlement du Séminaire. Formation spirituelle.** Le Règlement du Séminaire est à peu près semblable à celui de nos grands Séminaires de France. On pourrait le définir une méthode dont l'acceptation intégrale initie le jeune homme au secret de se vaincre, à l'art de substituer en lui la vie du Christ à la vie de la nature ; précisons d'un mot, à se surnaturaliser. Il avait raison, cet aspirant des Missions-Etrangères qui écrivait : « Etabli dans le surnaturel, je me sens un ressort inusable, des forces inépuisables, prêt à renouveler indéfiniment mon effort, dont le but ne se compare pas : améliorer mes frères les hommes. Au contraire, vaguement surnaturel, vaguement prêtre, je partirai peut-être avec élan ; mais j'aurai le souffle court. Quand on est jeune, le besoin d'activité soutient encore quelque temps ; puis, comme un méchant prophète, on se couche à l'ombre de son genévrier. »

Cette formation spirituelle est évidemment faite en vue des missions. On ne s'étonnera donc pas si on entend des paroles telles que celles-ci :

« Aspirants des Missions-Étrangères, oh ! la belle vocation que la vôtre. Vous serez pêcheurs d'hommes. Vous tendrez vos filets, les filets que vous met aux mains le pilote éternel, et vous prendrez des hommes pour les donner à Dieu. Vous les tirerez de l'abîme, des fanges du péché, pour les placer dans le sein de Dieu, source de la vie. Vous referez les hommes, vous réparerez en eux l'image de Dieu rendue méconnaissable, car ils se sont détournés de Dieu et ont jeté leurs cœurs dans l'erreur et la vanité. Vous leur apprendrez un nouveau dogme et une nouvelle morale. Vous êtes des porte-lumière. »

Qu'on nous permette de citer encore cet extrait d'une allocution prononcée comme la précédente, la veille d'une ordination sacerdotale, par M. Péan, directeur des aspirants de 1872 à 1883 :

« Précipitez-vous aveuglément dans le cœur de Jésus qui a tant aimé les hommes, qui vous a tant aimés, vous en particulier, aspirants des Missions-Étrangères, et qui vous dit maintenant : *Veni*, viens mon bien-aimé, mon fidèle : « *Veni de Libano, coronaberis.* » Oh ! ne crains rien, tu seras mon ami, mon prêtre, un autre moi-même ; c'est vrai, tu es pauvre, mais je suis riche ; tu es pécheur, mais je suis Celui qui pardonne tout à la faiblesse. Viens, tu seras mon prêtre, mon pêcheur d'hommes. Tu auras toujours avec toi, je te le promets, quelques grains de froment et quelques gouttes de vin. Tu m'appelleras et je viendrai ; tu me porteras en toi, tu seras Christophore, tu me donneras aux autres ; nous irons ensemble, oui, toujours ensemble, jusqu'au bout du monde; moi, je serai ta lumière, ta force, ta voie, ta vie ; et toi, tu seras mon instrument, mon vicaire ; nous irons refaire à l'image de Dieu les âmes dégradées, nous irons les nourrir, les grandir, les sauver, nous irons sauver le genre humain. »

Ces enseignements sont rendus plus vivants et plus forts par une visite quotidienne à la *Salle des Martyrs.* En contemplant les instruments de torture que leurs aînés ont échangés pour les palmes glorieuses des triomphes éternels, les séminaristes comprennent mieux le prix des âmes et les vertus de force, de courage, de zèle dont il est juste de les payer.

En toutes ces choses, l'esprit de foi et de piété doit seul animer les aspirants à l'apostolat. Exciter l'imagination serait la plus mauvaise des préparations, et il importe de remplacer l'enthousiasme, flamme brillante et éphémère, par le feu concentré et durable d'une volonté persévéramment exercée, par l'habitude du sacrifice nécessaire dans la carrière apostolique, par l'amour de ce but unique de la vie : la gloire de Dieu et le salut des âmes.

Sur ce sujet, Mgr Puginier, lorsqu'il était aspirant au Séminaire des Missions-Etrangères, a écrit ces lignes fort sages : « C'est ici qu'on prend une idée exacte des missions. Dans le monde, et même dans les séminaires, l'imagination les fait considérer sous un aspect relevé, grandiose, sublime ; c'est un idéal de perfection qu'on se représente et qui attire. Cette idée est juste, mais elle n'est pas complète. On se figure des souffrances, des courses apostoliques, des prisons, le martyre même ; mais on ne consi-

dère que la perfection de toutes ces choses ; on laisse de
côté l'abattement causé par les souffrances, l'ennui
naturel que l'on peut éprouver à la pensée que cela durera
des années, jusqu'à la mort. Le martyre est beau de loin,
c'est-à-dire la couronne qu'il procure. C'est pour cela
qu'un de nos martyrs de Corée, M. Chastan, écrivait
quelques instants avant son exécution : « Le martyre,
« considéré dans une fervente méditation, est facile à
« supporter, mais il n'en est pas ainsi dans la réalité. »

« Voilà pourquoi, après avoir quitté le séminaire de
son diocèse, il est bon de passer ici un an, deux ans ou
plus, à faire un noviciat des missions. Alors que l'on a
tout quitté, l'imagination se tait et l'on voit les choses à
froid. Il le faut, de même que, pour venir ici, il a fallu
que l'imagination jouât un peu son rôle, afin d'aider à
accomplir les sacrifices nécessaires ; mais maintenant
son rôle est fini ; il faut considérer la réalité. »

**57. — Etudes.** Les études philosophiques et théologiques ressemblent à celles que l'on fait dans les séminaires ordinaires, excepté en ce qu'elles sont
plus spécialement dirigées vers la pratique du saint minis-
tère dans les missions. On fortifie la culture moyenne, la
netteté d'esprit qui forme des hommes d'intelligence
ouverte, prêts à acquérir plus tard les connaissances utiles
au succès de leurs efforts.

Parmi les aspirants reçus chaque année, les uns sont
déjà prêtres ; d'autres, sans être parvenus au sacerdoce,
ont achevé leurs études théologiques ; le plus grand
nombre n'en a fait qu'une partie ou ne les a pas encore
commencées.

Il existe donc, outre le cours de philosophie, plusieurs
cours de théologie, afin que tous les élèves puissent être

facilement et utilement placés dans un de ces différents cours pour continuer ou pour commencer leur théologie.

La durée des études et du temps de probation est au moins d'une année pour ceux qui, en arrivant, sont prêtres ; et de six années, selon les prescriptions du nouveau Droit canon, pour ceux qui n'ont pas fait leurs études philosophiques. Pour les autres, elle est fixée entre ces deux termes.

La philosophie et la théologie générale sont enseignées durant les premières années, dans notre Séminaire à Bièvres (Seine-et-Oise). Les autres traités de théologie sont étudiés pendant les dernières années, dans notre Séminaire à Paris.

Après leur entrée au Séminaire, à moins que des raisons spéciales ne rendent ce voyage nécessaire, les aspirants ne retournent pas dans leurs familles, même à l'époque des vacances qu'ils passent à notre maison de campagne, près de Paris. Ils leur feront seulement une visite d'une quinzaine de jours, avant leur départ pour les missions.

**58. — Destination. Départ pour les missions.**

Les études et la probation achevées, ils reçoivent du Conseil leur destination pour une des trente-cinq missions, ou un des Etablissements communs de la Société, Collège général ou Procures.

Le séminariste n'a aucune part dans le choix de cette destination ; il ira en Mandchourie, en Chine, en Annam, au Japon, aux Indes ; il ira où ses supérieurs ont décidé de l'envoyer, et, sauf exception fort rare, il y passera sa vie. Partout où il sera, il trouvera des âmes à convertir, et il n'est pas venu aux Missions-Etrangères pour convertir des âmes d'Indiens, de Chinois, ou de Coréens ;

il y est venu pour convertir des âmes, toutes les âmes de bonne volonté que Notre-Seigneur mettra sur sa route.

La règle suivie pour ces destinations se résume en ces lignes : « Les envoyer dans les missions qui en ont un plus grand besoin, et où ils paraîtront plus en état de faire le bien, vu leur santé, leurs talents et leurs qualités personnelles. »

A dater de cette heure, l'aspirant est devenu un Partant, « c'est-à-dire celui qui s'en va pour ne plus revenir, qui se sépare pour la vie entière de ce qu'il a de plus cher en ce monde : famille, amis, patrie ; celui qui abandonne le repos et la tranquillité pour s'en aller au-devant des périls et des tribulations ».

Il ira dire aux siens un adieu que tous croiront définitif et qui souvent le sera. En ce jour, bien des larmes couleront, que Dieu bénira, qui compteront au jour de l'éternel jugement parmi les sacrifices les plus méritoires. D'humbles demeures seront les témoins de spectacles devant lesquels les anges se prosterneront. Voyez-vous ce vieil instituteur entouré de ses enfants ? L'un d'eux, le futur martyr Théophane Vénard, va s'éloigner pour toujours. Après la récitation du chapelet, un silence lourd de tristesse règne pendant quelques minutes, puis le Partant s'agenouille. « Mon père, voulez-vous bénir votre fils, votre Théophane ? » Le père lève les mains et les yeux au ciel, et d'une voix que la volonté essaie d'affermir, il prononce ces paroles, en faisant le signe de la croix sur la tête de son fils : « Mon cher fils, reçois la bénédiction de ton père qui te sacrifie au Seigneur ; sois béni à jamais, au nom du Père, du Fils et du Saint-Esprit. Ainsi-soit-il. »

Quelques jours après ces adieux, dont le souvenir demeurera jusqu'à sa mort gravé en son cœur, le Partant recevra sa lettre officielle d'envoi, signée du Préfet de la Propagande et du supérieur du Séminaire des Missions-Etrangères. A son tour, il sera de ceux dont on baise les pieds, « *pedes Evangelisantium pacem* », dans la touchante cérémonie du Départ. Dieu l'avait appelé, il a répondu : *Adsum*, et il est parti [1].

[1] Pour aider le Séminaire des Missions-Etrangères qui a la charge des Partants, une œuvre se fonda en 1884, sous le nom d'*Œuvre des Partants*. Elle fut approuvée en 1885 par le Souverain Pontife Léon XIII, et érigée canoniquement, le 6 janvier 1886, dans la chapelle du Séminaire des Missions-Étrangères par ordonnance de l'archevêque de Paris, S. E. le cardinal Guibert.

Elle a pour *but* de fournir le trousseau et de payer le voyage des jeunes missionnaires qui partent chaque année pour les 35 missions de la Société.

Elle emploie les moyens suivants : 1º *La Prière*, en union avec la Très Sainte et Immaculée Vierge Marie et les saintes femmes de l'Évangile, pour la conversion des infidèles ; 2º *la Souscription*, soit annuelle de 5 francs, soit perpétuelle de 120 francs ; 3º *le Travail* des Zélatrices et des Associées, qui confectionnent la plus grande partie du trousseau des Partants en même temps qu'elles réparent et entretiennent la lingerie des élèves du Séminaire.

Un *ouvroir* est établi à Paris, 26, rue de Babylone, où les Associées se réunissent le mardi de chaque semaine pour travailler et prier.

De nombreuses *indulgences plénières* et *partielles* ont été accordées par le Souverain Pontife aux Associées de l'Œuvre.

Le premier lundi de chaque mois une *messe* est célébrée pour les Associées dans la crypte de l'église du Séminaire des Missions-Etrangères. Une allocution y est faite.

L'œuvre a des *Annales* qui sont unies à celles des Missions-Etrangères et sont publiées tous les deux mois.

V

# LES MISSIONS
## PAYS — RÈGLEMENTS

**59. — Enumération des Missions. Superficie. Description. Climats. Maladies. Population.**

Les trente-cinq missions dirigées par la Société en Extrême-Orient et dans l'Inde sont les suivantes :

DANS L'EMPIRE DU JAPON.

1. Tôkiô
2. Nagasaki.
3. Osaka.
4. Hakodaté.
5. Séoul      }
6. Taï-kou   } Corée.

DANS LA CHINE.

1. Se-tchoan occidental.
2. Se-tchoan oriental.
3. Se-tchoan méridional.
4. Kien-tchang.
5. Yun-nan.
6. Kouy-tcheou.
7. Canton.
8. Swatow.
9. Kouang-si.
10. Mandchourie méridion.
11. Mandchourie septentr.
12. Thibet.

DANS L'INDO-CHINE ORIENTALE.

1. Tonkin occidental.
2. Tonkin méridional.
3. Haut-Tonkin.
4. Tonkin maritime.
5. Cochinchine orientale.
6. Cochinchine occident.
7. Cochinchine septentrion.
8. Cambodge.
9. Laos.

DANS L'INDO-CHINE OCCIDENTALE.

1. Siam.
2. Malacca.
3. Birmanie méridionale.
4. Birmanie septentrionale.

DANS L'INDE.

1. Pondichéry.
2. Mysore (Maïssour).
3. Coïmbatore (Coïmbatour).
4. Kumbakônam.

La superficie des territoires de ces missions dépasse 5 millions et demi de kilomètres carrés, c'est-à-dire dix fois celle de la France.

Ces immenses contrées traversées par de hautes montagnes, dont les Himalayas et les Youn-lin sont les plus connues, arrosées par les fleuves les plus larges du monde : Salouen, Mékong, Yang-tse, abondent en productions variées, où se rapprochent celles d'Europe et des pays intertropicaux. Beaucoup de ces régions, cependant, manquent de nos deux grands produits occidentaux : le froment et la vigne. Elles possèdent une faune qui ne le cède en rien à la flore, et leur sol contient les minéraux les plus précieux. Mais à côté de ces richesses que de misères !

Sans doute, l'Inde et l'Indo-Chine occidentale sous le gouvernement anglais, l'Indo-Chine orientale administrée par la France, le Japon qui s'est rapidement assimilé nos méthodes, ont réalisé d'énormes progrès matériels ; mais, près des cités aux monuments superbes, s'élèvent toujours des villages composés de huttes en paille, en bois, en terre ; de vastes campagnes s'étendent desséchées par un soleil brûlant, inondées par des eaux débordantes qui amènent la ruine presque aussi souvent que la prospérité ; les montagnes sont dénudées et les forêts vierges demeurent inexplorées et malsaines.

Les gouvernements sont encore loin d'avoir mis la dernière main à l'organisation et à la fortune publique.

Dans les pays que la civilisation a peu touchés, la vieille routine orientale est demeurée souveraine.

Excepté dans les concessions européennes bien installées sur le littoral, et dans les pays possédant quelques centaines de kilomètres de chemin de fer nouvellement construits, la Chine garde ses villes aux rues sales et tortueuses, ses routes rares, généralement très étroites et toujours mal entretenues. Pour visiter le Kouy-tcheou ou le Se-tchoan, il faut encore voyager à pied, à cheval, ou en chaise, se résigner à faire de cinq à dix lieues par jour, et à parcourir en deux mois une distance que nos locomotives traverseraient en 60 heures.

Les territoires des trente-cinq missions, s'étendant des régions tropicales aux glaces du Nord, présentent successivement tous les climats.

Certains pays, comme le Japon, différentes provinces de Chine, le Tonkin, ont les quatre saisons à peu près dans le même ordre et aux mêmes époques qu'en France.

L'Annam, le Cambodge, l'Indo-Chine n'offrent guère que deux saisons : la saison sèche et la saison des pluies. Il en est de même dans nos missions de l'Inde, excepté au Maïssour.

La température, qui au Japon passe de — 18º en hiver à + 40º en été, monte et descend à 40º en Mandchourie, faisant ainsi supporter aux habitants une différence de 80º. Le thermomètre varie de + 1º à + 40º au Se-tchoan de + 5º à + 35º au Tonkin ; de + 11º à + 36º en Annam et en Cochinchine ; de + 21º à + 32º dans la Presqu'île de Malacca ; à certains jours il arrive à + 42º en Birmanie, et à + 40º dans l'Inde.

Grâce aux habitudes de ces pays, aux vêtements, aux habitations, ces températures peuvent être plus ou moins pénibles pour certaines constitutions, elles ne sont généralement insupportables à aucune.

Les maladies les plus ordinaires aux Européens sont, avec l'anémie, les fièvres et la dysenterie.

Les médecins indigènes ont pour les guérir des remèdes souvent efficaces. Mgr Favier, le Vicaire apostolique de Pékin, qui avait eu plusieurs de ses missionnaires atteints de la fièvre typhoïde, et avait fait soigner les uns par de médecins français, les autres par des médecins chinois, affirmait avoir constaté, de chaque côté, un nombre à peu près égal de guérisons ou de décès.

La population totale est de 242 millions d'habitants, tous de race jaune ; sauf les Indiens qui sont de race aryenne.

**60. — Etat politique, religieux, moral.** Le Japon possède une monarchie qu'un régime parlementaire de fondation récente laisse puissante ; le Siam une monarchie absolue ; la Chine est en République ; les autres pays sont administrés directement par l'Angleterre et par la France, ou placés sous leur protectorat.

Les religions principales sont : au Japon, le bouddhisme et le shintoïsme, auxquels se mélangent depuis trente ans tous les systèmes philosophiques enseignés en Europe ; en Chine, le bouddhisme, le taoïsme, le confucianisme avec le culte des ancêtres universellement pratiqué, le mahométisme et le fétichisme. Ces mêmes religions se retrouvent dans l'Indo-Chine entière.

Dans l'Inde, le brahmanisme ou plus exactement l'indouisme avec la trimourti composée de Brahma, Vichnou et Siva, ne garde de ses lointaines origines que des légendes et des fables ; près du brahmanisme vivent le djaïnisme qui a beaucoup de rapports avec lui, et le mahométisme. Se mêlant si intimement aux institutions religieuses qu'elles n'en peuvent être séparées, les castes d'abord au nombre de quatre, se sont subdivisées en fractions presque innombrables : « sociétés restreintes, corporations de métier, dont le domaine ne s'étend parfois pas au delà d'une province, d'un canton, et même d'un village ».

Séparées par des différences accidentelles, les cosmogonies et les légendes de tous ces pays offrent à l'observateur une essence commune, un même sentiment confus et irréfléchi du divin, un même fonds de vérités obscures ou à demi voilées, l'immortalité et la vie future, la loi et le besoin d'expiation ; mais aussi les mêmes folies et les mêmes erreurs défigurent leurs pratiques et leurs croyances religieuses.

Sans nous attarder à décrire l'état moral des populations, il nous suffira, pour le faire connaître, d'évoquer le tableau que saint Paul trace des infidèles de son temps : « *Ils ont échangé la majesté de Dieu incorruptible pour des images représentant l'homme corruptible, des oiseaux, des quadrupèdes et des reptiles. Aussi, Dieu les a-t-il livrés au milieu des convoitises de leur cœur à l'impureté, en sorte qu'ils déshonorent entre eux leurs propres corps.* » Nous n'achevons pas la citation, peinture fidèle de ce qu'est encore le monde païen.

**61. — Situation du catholicisme.** Prêché à ces peuples par des apôtres trop peu nombreux, le catholicisme, longtemps proscrit, a depuis 50 à 60 ans conquis droit de cité en Extrême-Orient. La semence germe, et en certaines régions la moisson est abondante.

Le Japon voit ses hommes d'Etat, ses philosophes, ses journalistes étudier le christianisme ; il les entend parler respectueusement de ses dogmes et admirer sa morale. Des réunions se tiennent pour discuter ces questions, et le Congrès du 25 février 1912 qui comptait des représentants du catholicisme, du protestantisme, du bouddhisme, a donné une sanction nouvelle à l'idée de la liberté de conscience.

La Chine, dont le lettré a si longtemps méprisé et haï la religion de l'étranger, a solennellement décrété la liberté des cultes ; en 1913, elle a prescrit à ses fonctionnaires de faire savoir aux collectivités chrétiennes, que le 17 avril serait consacré à des prières dans les églises, et que les autorités assisteraient ce jour-là aux services religieux.

Dans l'Indo-Chine orientale placée sous l'autorité française, la liberté a remplacé les massacres. L'Indo-Chine occidentale et l'Inde méridionale, qui n'ont presque jamais été ravagées par la persécution, offrent à l'apostolat un champ presque libre d'entraves.

Pour amener ces pays au catholicisme, les missionnaires ont employé des moyens multiples, dictés par le zèle, par l'expérience, par l'étude et la réflexion. L'évangélisation du monde est un labeur ardu ; ne vouloir, pour l'accomplir, écouter que les inspirations du zèle serait insuffisant, sinon téméraire ; le zèle doit se soumettre à une organisation et se dépenser avec méthode ; organisation et méthode sont imposées et précisées par des Règlements.

**62. — Méthode des travaux enseignée par les Règlements.**

Ces Règlements, faits de traditions lentement formées, ne sont ni méticuleux, ni intangibles. La vie apostolique rencontre trop d'imprévu pour qu'on puisse codifier et fixer tous ses actes ; mais, sous peine de tomber dans le désordre, l'esprit d'initiative, qui reste entier dans les détails, doit dans les grandes lignes suivre des guides.

Ces guides, qui ont depuis longtemps commencé leur œuvre protectrice, sont principalement : les Constitutions pontificales, les Instructions de la Propagande, les Statuts des Synodes, les Directoires, les Coutumiers, et les Mandements épiscopaux. Nous n'en donnerons ici qu'une idée d'ensemble, en réservant l'exposé pratique pour les chapitres suivants.

**63. — Constitutions pontificales et Instructions de la Propagande.** Dès 1659, la Propagande, car c'est toujours à elle qu'il en faut revenir, lorsqu'il s'agit de l'œuvre de la Société des Missions-Etrangères, la Propagande donna aux Vicaires apostoliques des conseils sur la formation des paroisses, le choix des catéchistes, et l'enseignement des caté chumènes.

Depuis lors, elle a adressé aux supérieurs des missions de nombreux décrets et réponses, formant, avec les constitutions des Souverains Pontifes, un code de directions appropriées à la plupart des circonstances qui se peuvent présenter. Ces pièces ont été réunies par un prêtre des Missions-Etrangères, M. Rousseille, dans l'important ouvrage intitulé : *Collectanea constitutionum, decretorum, indultorum ac instructionum Sanctæ Sedis ad usum operariorum apostolicorum Societatis Missionum ad Exteros*, dont la première édition date de 1880, et la dernière, notablement augmentée par M. Guéneau, de 1905.

**64. — Monita.** Mgr Pallu, Mgr Lambert de La Motte et leurs prêtres rédigèrent en 1664 les *Instructiones* ou *Monita ad missionnarios*, qui contiennent, dans un petit volume bien souvent réimprimé, des préceptes et des conseils sur la sanctification des ouvriers apostoliques, la conversion des païens et l'organisation des Eglises.

Cinq ans plus tard, en 1670, se tint, au Tonkin, le
**65. — Synodes.** synode de Dinh-hien, dont les statuts au nombre de 33 renouvelèrent, en les appliquant à des cas particuliers, une partie des dispositions contenues dans les *Monita*, et y ajoutèrent, entre autres mesures, la division de la mission en neuf districts et le conseil de tenir chaque année une réunion synodale.

Ce premier synode, approuvé par le Pape Clément X le 23 décembre 1673, dans la bulle *Apostolatûs officium*, fut suivi en 1682 du synode de Faï-fo en Cochinchine.

Après une interruption assez longue [1], nous trouvons en 1795, dans la mission du Tonkin occidental, un synode sous la présidence de Mgr Longer. En 1803, fut célébré le synode du Se-tchoan, le premier et le plus important de tous ceux qui ont eu lieu en Chine. Mgr Dufresse y fit statuer «ce qui lui paraissait le plus essentiel et le plus instructif pour l'administration des sacrements, et pour la conduite des missionnaires, tant par rapport à eux-mêmes que par rapport aux fidèles ».

Ces statuts entrent dans des détails que les premiers Vicaires apostoliques n'avaient pu régler. Ils indiquent les applications pratiques des principes généraux de la théologie, du droit canon, et des décrets et conseils des Congrégations romaines.

Le Souverain Pontife, Pie VII, approuva solennellement les décisions de cette assemblée ; la Propagande les fit imprimer plusieurs fois, et les proposa aux mission-

----

[1] Nous n'avons pas à parler ici de la réunion à Hué, en 1747, des missionnaires de Cochinchine, sous la présidence de Mgr Hilaire de Jésus, Vicaire apostolique du Tonkin oriental. Cette réunion avait un but très spécial.

naires de Chine comme les meilleures règles de conduite dans leur ministère.

En 1841, M<sup>gr</sup> Cuenot, Vicaire apostolique de la Cochinchine, tint le synode de Go-thi.

M<sup>gr</sup> Dufresse fut décapité pour la foi en 1815 ; M<sup>gr</sup> Cuenot mourut en prison le 14 novembre 1861, quelques heures avant l'arrivée de la sentence qui le condamnait à la décapitation. Tous les deux ont été déclarés Bienheureux. L'esprit qui dicta leurs décisions se prouva par leurs actes.

Pondichéry eut deux synodes, l'un en 1844 et l'autre en 1849, qui, à des titres divers, influèrent heureusement sur les progrès de l'apostolat : c'est par suite de leurs décisions, en effet, que furent fondées plusieurs Congrégations de religieuses, améliorée l'instruction des enfants, développé l'enseignement dans les Séminaires, installée l'imprimerie, préparée la division en plusieurs Vicariats de la mission de la Côte de Coromandel, et étudié l'établissement de la hiérarchie catholique dans l'Inde.

Ajoutons que non seulement la Propagande approuva ces synodes, mais fit sien, en quelque sorte, celui de 1844, dans une instruction datée du 23 novembre 1845.

Excepté le synode de Diamper (Inde) qui remonte à 1499, aucune réunion de ce genre n'avait eu lieu en pays de mission.

« Il est donc à remarquer, comme on l'a dit avec raison, qu'à la Société des Missions-Etrangères revient l'honneur d'avoir, dans des assemblées solennelles pour l'organisation et les progrès des missions, émis des règles que la Propagande devait offrir comme modèles. »

La mission du Yun-nan tint à Long-ki, en 1860, sous l'épiscopat de M<sup>gr</sup> Ponsot, un synode préparé par M<sup>gr</sup> Chauveau.

4.

Depuis 1879, sur l'ordre du Pape Léon XIII, de nombreux synodes ont eu lieu dans tous les groupes des missions d'Extrême-Orient.

Naturellement, les Vicaires apostoliques de la Société ou les assemblèrent dans leurs missions, ou allèrent y assister dans les missions de leur groupe. Il y eut les synodes de Pékin en 1880, 1886, 1892, 1906, auxquels participèrent les Vicaires apostoliques de la Mandchourie ; en 1880, 1891 et 1909, les synodes de Hong-kong, qui appelèrent à eux les Préfets apostoliques du Kouang-tong et du Kouang-si ; le synode de Soui fou au Se-tchoan en 1880 ; ceux du Japon et de la Corée en 1890 ; celui de la province de Pondichéry tenu à Ootacamund en 1894 ; celui de Tokio, en 1895 ; celui de l'Indo-Chine occidentale ; enfin celui des missions du Tonkin en 1900.

**66. — Questions traitées dans les synodes.** Il nous est impossible d'exposer ici les questions traitées dans ces assemblées ; leur énumération suffira à montrer leur importance :

    I. Des supérieurs des missions.

    II. Des vertus que les missionnaires doivent pratiquer et des qualités qu'ils doivent avoir.

    III. Du clergé indigène.

    IV. Des synodes par groupes et par missions.

    V. Des congrégations de religieux et de religieuses européens et indigènes.

    VI. Des catéchistes.

    VII. Des chefs de paroisses et de chrétientés.

    VIII. Des sacrements.

    IX. Des commandements de Dieu et de l'Eglise

    X. De l'organisation et du gouvernement des missions.

XI. De l'étude de la langue.
XII. Des séminaires, des collèges et des écoles.
XIII. Des œuvres de charité.
XIV. De l'administration des chrétiens et de la conver-
     sion des païens.
XV. Des églises et des chapelles.
XVI. Des biens ecclésiastiques.
XVII. Des choses temporelles.
XVIII. Des peines à infliger à ceux qui transgressent
     les lois de Dieu et de l'Eglise.

Les règlements, directoires ou coutumiers, s'ajoutent
aux statuts des synodes. Ils ren-
**67. — Directoires.** ferment des prescriptions plus détaillées, divisées en deux parties : la première a pour but
la sanctification des prêtres ; la seconde l'administration des sacrements et la conduite des chrétiens.

Les moyens de sanctification indiqués dans ces directoires ne sont pas différents de ceux que les prêtres emploient en Europe, qu'on enseigne dans toutes les maisons
religieuses, et que nous avons vus spécifiés dans le Règlement général de la Société : exercices de piété chaque
jour ; confessions tous les huit ou tous les quinze jours,
retraites mensuelles et annuelles.

Parmi les vertus, la douceur et la patience sont les
plus recommandées, et les conseils donnés se basent sur
le caractère des Orientaux, beaucoup plus calme que celui
des Occidentaux.

Au sujet de l'administration des sacrements et de la
conduite des chrétiens, les directoires, principalement
ceux de Pondichéry et du Maïssour, entrent dans des
explications circonstanciées, pour déterminer les actes
superstitieux ou non, qui enserrent l'existence ordinaire

des Indiens. Ils renferment, le premier spécialement, des études très fouillées sur certains points tendant à faciliter le salut des chrétiens, la conversion des païens, tout en sauvegardant strictement l'esprit et la doctrine de l'Eglise.

**68. — Prescriptions particulières au sujet des femmes.** En plusieurs circonstances, la conduite des missionnaires doit s'inspirer des habitudes et des mœurs orientales. Les rapports avec les femmes, en particulier, sont empreints de plus de sévérité qu'en Europe.

Voici à ce sujet les injonctions du directoire de la Cochinchine occidentale et du Cambodge : « Quand une femme se présentera au presbytère pour une affaire quelconque, le prêtre la recevra dans le parloir, et cela les portes ouvertes toujours. Si le prêtre habite une maison à étage, il ne laissera aucune femme monter à un étage supérieur. On entendra à l'église, au confessionnal, les femmes qui demandent un entretien sur des choses qu'elles désirent tenir secrètes. »

Ces règles sont édictées par tous les directoires et tous les synodes ; elles ont été mises en pratique dès les débuts de la Société et n'ont jamais varié.

Au Tonkin, il y a, en dehors du presbytère, près de l'église, un parloir où l'on reçoit les femmes, qui ne pénètrent jamais dans la clôture. En Chine, le missionnaire s'entretient avec elles sous l'auvent ou sous la véranda de la maison qu'il habite ; mais il ne leur permet jamais d'entrer dans sa demeure, fût-ce dans une pièce ouverte à tout le monde.

Il reste une dernière source de l'organisation des missions, ce sont les mandements **69. — Mandements.** dans lesquels les Vicaires apostoliques développent des considérations générales et théoriques, augmentées d'enseignements et de sanctions pratiques.

Les principaux sont ceux du Se-tchoan, du Tonkin occidental, de la Cochinchine occidentale. Ils sont signés de noms que les missions ont appris à vénérer : Pottier, de Saint-Martin, Dufresse, Pérocheau, Retord, Theurel, Colombert, pour ne citer que les morts. Adressés aux missionnaires, aux prêtres indigènes ou aux chrétiens, afin de donner une règle à suivre en certaines occasions, de résoudre un cas d'ordre général, d'expliquer un point obscur, de corriger un abus, ils sont accommodés aux circonstances et en dépendent ; d'ailleurs, la sagesse des Vicaires apostoliques et la confiance qu'ils ont dans le bon esprit de leurs collaborateurs laissent à ceux-ci une plus grande latitude d'interprétation.

C'est appuyé sur tous ces codes de l'expérience et guidé par eux, que le missionnaire tente de faire la grande œuvre qui continue celle de Jésus-Christ et des Apôtres.

Sa fidélité à leurs prescriptions est une sauvegarde pour sa vertu, et le meilleur moyen de travailler au salut des âmes et à la gloire de Dieu. « *Qui regulæ vivit, Deo vivit* », disait saint Grégoire de Nysse ; et saint Bernard ne pensait pas autrement quand il écrivait : « *Custodite ordinem, ut ordo vos custodiat.* »

VI

# LES MISSIONS
## ORGANISATION. — ÉGLISES ET RÉSIDENCES

Les missions sont formées d'un ensemble de chrétientés.

**70. — La chrétienté.** La chrétienté est en quelque sorte la cellule primordiale de la mission et de la vie catholique ; elle n'est pas, comme la paroisse en France, un agglomérat d'individualités indépendantes, unies entre elles par le seul fait qu'elles s'assemblent à des heures déterminées dans la même église pour y accomplir les mêmes actes ; elle n'est pas un corps fictif, dont les membres ont plus ou moins la même foi ; elle est un corps réel, compact et vivant.

Elle a des dignitaires ou notables, qui la dirigent effectivement au double point de vue religieux et matériel, président à tour de rôle les prières récitées à l'église, avertissent le prêtre qu'il y a des sacrements à administrer, assistent les mourants, jugent des fautes des chrétiens, et gèrent les finances du groupe.

**71. — Le district.** Ces chrétientés, différentes en importance, plus ou moins éloignées les unes des autres, sont réunies dans une circonscription administrative qui porte le nom de district ou de paroisse.

En certaines missions, un district se compose de plusieurs paroisses ; à la tête de chaque paroisse est un prêtre indigène ou européen, ayant au-dessus de lui, comme chef de district, un missionnaire européen.

Ailleurs, par exemple en Cochinchine septentrionale, la mission est divisée en 5 grands districts comprenant chacun la moitié d'une province ; chaque district renferme de 11 à 16 paroisses et de 14 à 24 prêtres.

Aux Indes, en Chine, il n'y a que des districts et des chrétientés, et pas de circonscription désignée sous le nom de paroisse, sauf dans les grandes villes. Dans l'archidiocèse de Pondichéry, des districts comptent plus de 80 chrétientés ; en Indo-Chine occidentale 7 ou 8, quelquefois plus; au Se-tchoan, 12, 15, 20 ou davantage.

Le nombre des districts varie selon la quantité des missionnaires, le chiffre de la population catholique, l'étendue du Vicariat, et aussi, ce qu'il importe de ne pas oublier, selon le nombre des infidèles et leurs dispositions favorables au catholicisme.

Dans l'Inde, M<sup>gr</sup> Laouënan pensait qu'un district, peuplé de 2.000 catholiques plus ou moins dispersés, suffit au travail d'un missionnaire. Si cette appréciation est exacte, bien des missionnaires de Pondichéry ont trop de besogne ; celui de Chetpet, en effet, gouverne 7.102 fidèles ; celui d'Alladhy, 6.644 ; celui de Vettavalam, 4.255.

En Cochinchine occidentale, les districts renferment en moyenne de 1.000 à 4.000 chrétiens ; au Tonkin, 6.000, 8.000, ou plus; mais, dans ce dernier pays, les districts sont divisés en plusieurs paroisses que gouvernent des prêtres annamites. Le district du Bo-chinh, par exemple, habité par 30.000 catholiques, et dirigé par un missionnaire, est divisé en 13 paroisses ayant chacune à sa tête un prêtre indigène.

En Chine, les groupes de fidèles étant très dispersés et généralement assez éloignés les uns des autres, les missionnaires en ont un moins grand nombre à administrer. Quelques districts ne comptent pas plus de 500 à 600 fidèles, tandis que d'autres en renferment de 2.000 à 3.000.

Ajoutons que ces districts sont habités, outre la population catholique, par 20.000, 50.000, quelquefois 100.000 païens et plus, que le missionnaire s'efforce d'amener à la vraie foi, soit directement par ses efforts personnels, soit indirectement par les travaux de ses auxiliaires.

Telle est l'organisation actuelle, bien différente de ce qu'elle était il y a 60 ou 80 ans, quand, au lieu d'avoir comme aujourd'hui 40 ou 50 missionnaires avec autant de prêtres indigènes, un Vicariat en possédait seulement une dizaine ou une vingtaine.

**72. — Mode de placement des missionnaires : par trois, par deux, seuls.** Les missionnaires sont placés par trois, par deux, ou seuls, selon les besoins des districts ou selon les circonstances. Une paroisse de 7.000 à 8.000 chrétiens relativement peu disséminés, dotée de couvents, d'orphelinats, d'hôpitaux, aura deux ou trois prêtres.

Des missionnaires ne feront pas une exploration longue et lointaine sans être plusieurs ensemble. Une résidence exceptionnellement éloignée des autres aura toujours deux prêtres.

Dans les districts d'importance moyenne, n'offrant de travail que pour un prêtre, l'évêque en placera un seul. Sous ce rapport, les Congrégations religieuses, le clergé régulier et le clergé séculier de toutes les régions suivent une ligne de conduite uniforme. Tous les chefs de mission ont adopté comme la meilleure, la plus pratique, l'organisation des diocèses d'Europe, où les paroisses dotées d'un seul prêtre sont les plus nombreuses.

C'est ainsi que dans l'Inde, l'archidiocèse d'Agra, confié aux Capucins, compte avec un seul missionnaire 12 résidences sur 19 en tout ; les Missions-Etrangères de Mill-Hill (Londres), dans l'archidiocèse de Madras, en ont 29 sur 40 ; les religieux de la Compagnie de Jésus, dans le diocèse de Trichinopoly, 48 sur 64 ; les Oblats de Marie-Immaculée, dans l'archidiocèse de Colombo, 39 sur 57 ; notre archidiocèse de Pondichéry, 45 sur 59.

En Indo-Chine, dans la mission de Birmanie orientale desservie par la Congrégation des Missions-Etrangères de Milan, 9 districts sur 11 sont administrés par un seul prêtre. Notre mission du Siam en compte seulement 8 sur 24, 16 ont plusieurs prêtres.

Dans la plaine du Tonkin occidental et du Tonkin maritime, pas un prêtre n'est seul, ou à plus de 2 ou 3 heures de distance de son voisin.

En Chine, que les Vicariats soient gouvernés par des religieux de la Compagnie de Jésus, de l'Ordre de Saint-François, de la Congrégation de la Mission ; que les missionnaires soient français, belges, espagnols, italiens ou allemands, il en est de même.

Cet état de choses, en effet, est conforme à ce qu'il doit être, et aucun Vicaire apostolique n'aurait la pensée de grouper trois ou quatre prêtres dans une résidence dont le rayon d'action serait de 60 à 80 kilomètres, pour une raison aussi simple que péremptoire : un grand nombre de chrétiens seraient pendant longtemps privés de sacrements et beaucoup mourraient sans les recevoir.

D'ailleurs, de ce qu'un missionnaire est seul dans son district, comme le curé dans sa paroisse en France ou en Belgique, il n'en faudrait pas conclure qu'il soit isolé. Autrefois, un district était aussi grand que l'est aujourd'hui la moitié ou même la totalité d'un Vicariat apostolique ; dans ce district, il y avait un missionnaire et deux ou trois prêtres indigènes ; actuellement, la même région comprend 15, 20 et quelquefois 25 districts, avec 30 ou 40 missionnaires.

Aussi quelle différence dans les relations !

Voici ce qu'un missionnaire de Cochinchine septentrionale écrivait à ce sujet, il y a quatre ans : « Partons de Co-vuu où je réside avec mon vicaire annamite. Si nous allons à l'ouest, je rencontre, après vingt minutes de marche, un confrère, et à une heure plus loin un autre confrère. Si nous allons au nord, après une heure et demie de marche, je trouve une paroisse avec un mission naire, lequel a comme voisins, à un quart d'heure de distance, un autre missionnaire et son vicaire ; une heure et demie plus loin, nous rencontrons un prêtre annamite, et, également à une heure et demie de distance, un missionnaire avec son vicaire. Si nous nous dirigeons au sud-est, voici, après trois quarts d'heure de marche, un prêtre annamite ; une heure après, un autre prêtre annamite ; une heure et demie plus loin, encore un prêtre annamite ; puis à trois quarts d'heure, un missionnaire ; enfin, à une demi-heure de là, un missionnaire et son vicaire. »

Evidemment il s'agit ici d'une région peuplée de nombreux catholiques ; mais ailleurs, les ouvriers apostoliques sont relativement peu éloignés les uns des autres.

Dans les quatre missions de l'Inde, et dans celles du Japon, la distance entre deux résidences est environ de 1 heure à 3 heures en chemin de fer, ou de 3 à 9 heures à cheval. En 24 heures, le chef de la mission peut appeler par dépêche et voir arriver tous ses prêtres à l'évêché.

Au Se-tchoan, où les districts sont plus vastes, les routes mauvaises, les chemins de fer absents, les résidences ne sont pas distantes de plus d'une journée ou d'une journée et demie de voyage ; beaucoup sont plus rapprochées.

Dans la mission du Thibet, les stations sont divisées en 5 groupes : Ta-tsien-lou, Bathang, Tse-kou, Balhang et Padong.

Au Yun-nan, où de longs trajets peuvent se faire sans rencontrer de résidences, les missionnaires forment 4 groupes : Yun-nan fou, Long-ki, Ta-li et Mong-tse. Dans chaque groupe, les résidences sont éloignées de quelques heures de route à cheval. Et que sont quelques heures, ou même une journée de chemin, pour un missionnaire, qui voyage chaque année pendant plusieurs mois!

**73. — Opinion sur l'isolement.** Ce changement si profond, si complet, a échappé à plusieurs, qui gardent le souvenir des choses d'autrefois. Lorsque le vénérable Mgr Goux était évêque de Versailles, il faisait à notre Séminaire de philosophie, à Bièvres, l'honneur d'une visite annuelle, et daignait adresser à nos aspirants quelques paroles d'édification. A sa première et à sa seconde visite, il leur parla des dangers de l'isolement ; à la troisième, il reprit le même thème. Cette fois, le supérieur du Séminaire, M. Delpech, crut devoir éclairer l'évêque sur la situation des missions et sur la sécurité d'âme qu'elles présentent ; il fit ressortir la différence qui existait entre leur état quand Mgr Goux avait 20 ou 30 ans, et celui qu'elles offraient en 1895. L'évêque répondit fort aimablement, qu'en effet ses renseignements sur les missions dataient d'assez loin ; mais, à la visite qu'il fit l'année suivante, il ne manqua pas de prémunir les futurs missionnaires contre les dangers de l'isolement dans lequel ils vivraient plus tard.....

**74. — L'évêque, sa nomination.** Le chef de la mission est l'évêque ; il est aussi le seul supérieur des missionnaires, absolument comme un évêque en France est le chef de ses prêtres. Cette organisation résulte directement du but de la Société : établir en mission des Eglises sur le modèle des Eglises en pays catholiques.

La nomination de l'évêque ou du Vicaire apostolique est faite par le Souverain Pontife ; mais le choix s'opère d'après un mode spécial : chaque missionnaire agrégé à la Société émet un vote renfermant trois noms ; tous les votes sont envoyés au Conseil du Séminaire des Missions-Etrangères, qui en fait le dépouillement, et en adresse le résultat à Rome, en ajoutant son appréciation, s'il le juge à propos.

**75. — Rapports de l'évêque et des missionnaires.** La conduite de l'évêque envers ses prêtres est spécifiée par le Règlement général, en ces lignes pleines de douceur :

« Les Vicaires apostoliques doivent traiter leurs missionnaires en frères, avec la plus grande charité ; les regarder comme leurs conseillers fidèles et leurs amis naturels ; éviter de les choquer, rebuter ou contrister sans nécessité ; les consoler dans leurs peines, les soutenir dans leurs découragements, et s'efforcer par tous les moyens en leur pouvoir de leur rendre doux et léger, sur ces terres lointaines et inhospitalières, le fardeau du ministère apostolique. » (ART. CX.)

Le plan général d'administration de Mgr Bonnand constate la réalisation de ces paroles, lorsqu'il dit : « Les évêques se sont toujours considérés, dans notre Société, comme les pères de leurs missionnaires ; ils les ont traités avec cette condescendance que les pères ont pour leurs enfants. »

Outre les relations épistolaires que les prêtres entretiennent avec les évêques, ils vont les visiter soit pour leurs affaires, soit pour leur agrément, et alors ils logent à l'évêché qui est leur maison, de même que leur maison est celle de leur supérieur.

**76. — Provicaires. Conseil épiscopal.** Les archevêques et les évêques ont un ou deux vicaires généraux ou provicaires, qui souvent ne résident pas près d'eux, mais sont, comme les missionnaires ordinaires, chargés d'un district. Ils ont un Conseil « composé de ceux de leurs missionnaires qu'ils croient les plus sages et les plus prudents ». Selon les missions, le nombre des conseillers varie de 4 à 7 ; parfois des prêtres indigènes y siègent près des missionnaires. Le concile de Bangalore, en 1887, a statué que, dans les missions qui auraient dix prêtres indigènes ou plus, l'un d'eux prendrait place au Conseil épiscopal.

**77. — Chefs de districts, de paroisses.** Au-dessous de l'évêque et du vicaire général sont les missionnaires chefs de districts. Outre la paroisse qu'il gouverne, le chef de district, quand il a sous sa direction des missionnaires ou des prêtres indigènes, centralise les statistiques de l'administration des sacrements, les comptes d'argent pour les œuvres, contrôle les demandes de subsides, la nomination des dignitaires, etc[1].

[1] Voici sur ce sujet le document qui nous est le plus récemment parvenu. Il donnera à nos lecteurs une idée précise de l'organisation qui existe dans la plupart de nos missions.

§ I. — Le chef de district doit veiller :

1º A ce que tous les prêtres de son district remplissent fidèlement leur devoir, particulièrement en ce qui concerne la résidence, la prédi-

Viennent ensuite les prêtres placés à la tête des paroisses, et qui relèvent soit du chef de district, soit du Vicaire apostolique, si les circonscriptions par district n'existent pas.

Tous ont sous leur direction des auxiliaires indigènes,

**78. — Auxiliaires.** qui les aident dans le gouvernement des chrétiens et dans l'évangélisation des païens, ce sont les catéchistes. On distingue :

cation, l'instruction religieuse des enfants et des adultes, le soin des malades ;

2º A ce que les prescriptions épiscopales soient fidèlement observées ;

3º A ce que les églises du district, leur mobilier et plus particulièrement les objets qui servent à la conservation de la Sainte Eucharistie et à la célébration de la messe, soient propres et convenables ;

4º A ce que les biens ecclésiastiques soient administrés comme ils doivent l'être ; — Dans notre mission pour l'administration des biens on doit suivre dans chaque district les coutumes établies et approuvées par le Vicaire apostolique ;

5º A ce que les charges des paroisses et principalement les messes de fondation soient acquittées normalement ;

6º A la tenue régulière des registres paroissiaux et livres de comptes.

§ II. — Pour se rendre compte de toutes ces choses, le chef de district fera la visite de toutes les chrétientés de son district au moins une fois chaque année.

§. III. — Dès qu'il apprendra qu'un des prêtres de son district est sérieusement malade, il avertira les Supérieurs, et, en attendant, il procurera au malade tous les secours nécessaires tant spirituels que corporels.

Pendant la maladie et à la mort d'un prêtre de son district, il veillera à ce qu'aucun registre, aucun document, aucun objet appartenant à l'église ou au presbytère ne soit emporté par qui que ce soit, sans l'autorisation du Vicaire apostolique.

§ IV. — A l'époque où se fait le compte rendu annuel, le chef de district voudra bien convoquer tous ses Prêtres pour conférer avec eux sur l'état des paroisses du district : il les convoquera de même chaque fois qu'il sera nécessaire pour la solution des questions et des cas de conscience proposés par l'Ordinaire.

§ V. — Une fois chaque année, dans le courant du mois de juin, le chef de district rendra compte par écrit au Vicaire apostolique de l'administration de chacune des paroisses de son district.

VICARIAT APOSTOLIQUE DE COCHINCHINE OCCIDENTALE.

*Saïgon, 24 août* 1918,

les catéchistes ambulants, qui peuvent être envoyés à travers le district, selon les besoins et la volonté du missionnaire ; et les catéchistes résidants, qui demeurent à poste fixe dans une chrétienté, et qui en sont souvent les dignitaires. Le nombre total de ces auxiliaires dépasse 20.000.

Presque toutes les missions possèdent aussi des auxiliaires européens, religieux et religieuses, venus dépenser leur dévouement dans les œuvres d'éducation et de charité ; on en compte 1.500 [1].

Ajoutons-y les 5.700 religieux et religieuses indigènes, qui font partie de l'une ou de l'autre des Congrégations européennes, ou qui appartiennent à des Congrégations purement annamites, chinoises, indiennes, japonaises, et l'on pourra conclure que si les missions ne sont pas organisées aussi puissamment que leurs besoins l'exigent, du moins elles le sont sérieusement.

[1] Dans l'Inde : Frères de Saint-Gabriel, Frères irlandais de Saint-Patrick, Frères de l'Immaculée-Conception (ces derniers sont d'anciens soldats anglais de l'armée des Indes) ;

En Indo-Chine occidentale et orientale : Frères des Écoles Chrétiennes et Frères de Saint-Gabriel ;

En Chine : Petits Frères de Marie ;

Dans l'empire du Japon : Marianistes, Trappistes, Bénédictins ;

Les religieuses, plus nombreuses, sont dans l'Inde : religieuses de Saint-Joseph de Cluny, de Saint-Joseph de Tarbes, du Bon-Pasteur, Catéchistes Missionnaires de Marie-Immaculée, Franciscaines Missionnaires de Marie, Petites Sœurs des Pauvres ;

En Indo-Chine occidentale : religieuses du Saint-Enfant Jésus (Dames de Saint-Maur), du Bon-Pasteur, de Saint-Joseph-de-l'Apparition, de Saint-Paul de Chartres, Franciscaines Missionnaires de Marie, Petites Sœurs des Pauvres ;

En Indo-Chine orientale : religieuses de Saint-Paul de Chartres, de la Providence de Portieux, Carmélites ;

En Chine : religieuses de Saint-Paul de Chartres, de la Providence de Portieux, Franciscaines Missionnaires de Marie, religieuses canadiennes de l'Immaculée-Conception, Petites Sœurs des Pauvres ;

Dans l'empire du Japon : religieuses du Saint-Enfant-Jésus (Dames de Saint-Maur, Chauffailles), de Saint-Paul de Chartres, du Sacré-Cœur, Franciscaines Missionnaires de Marie, Trappistines.

Dans les districts, les paroisses et les chrétientés, on

**79. — Eglises.** comptait en 1917 un total de 6.184 églises, oratoires ou chapelles. Ces diverses dénominations sont employées selon la grandeur et la beauté, la pauvreté et la petitesse des maisons de prière. Sauf quelques églises dans l'Inde, qui ont une existence de cent cinquante ans ; l'église de Singapore construite par M. Beurel en 1843-44 ; celle de Coïmbatore que Mgr de Marion-Brésillac commença en 1846, et quelques autres, ces édifices ne datent guère que de 30 à 40 ans.

En pleine persécution, on ne pouvait songer à bâtir quand on pouvait à peine songer à vivre. Lorsque vint la pacification, tout était à créer ; on se mit résolument à l'œuvre.

Plusieurs missions possèdent des cathédrales dignes de ce nom. Tout le monde a entendu parler de la cathédrale de Canton, construite par Mgr Guillemin sur le plan de Sainte-Clotilde à Paris, et entièrement en granit.

La cathédrale de Saïgon est un édifice de style roman qui mesure 93 mètres de longueur, 35 mètres de largeur, et 21 mètres de hauteur sous clef de voûte ; les tours ont 60 mètres à partir du sol, et les deux flèches portent à 21 mètres plus haut le signe adorable de notre rédemption.

La cathédrale de Rangoon, qui dispute le premier rang à celles de Saïgon et de Canton, est l'œuvre d'un missionnaire, M. Janzen, le second et jusqu'à présent le dernier des Hollandais qui aient appartenu à la Société. Il était architecte diplômé et travaillait à La Haye et à Amsterdam, quand le désir de se consacrer à l'apostolat s'empara de lui. Il vint au Séminaire des Missions-Etrangères ; mais, au bout de deux ans, le médecin l'ayant jugé atteint de tuberculose, il retourna dans sa famille. Il revint, fut accepté par M^gr^ Cardot, le Vicaire apostolique de la Birmanie méridionale, qui résolut de lui faire édifier sa cathédrale. Pour pouvoir former des ouvriers et les diriger, le missionnaire tuberculeux, car il l'était toujours, apprit l'indoustani. Un jour, il tomba de ses échafaudages et se cassa une jambe, que l'on ne put jamais remettre ; il se fit fabriquer une chaise à porteurs, et continua ses travaux d'architecte et d'entrepreneur Sa bouche et sa gorge s'enflammèrent, lui laissant à peine la possibilité de prendre une nourriture d'anachorète ; il ne s'arrêta pas. Sa construction le tenait debout, comme on l'a dit spirituellement et très justement. Il acheva son œuvre, et en vit la consécration le 24 février 1910. Ce jour-là, assis sur une chaise longue, la pâleur de la mort sur le visage, il salua d'un sourire le gouverneur de Birmanie, les évêques, tous ceux, — et ils furent nombreux, — qui vinrent le féliciter ; par deux ou trois fois il eut la force de murmurer un merci. On crut qu'il mourrait au soir de cette journée ; il vécut encore jusqu'au 1^er^ avril 1911, mais sans quitter son lit.

D'autres belles églises, celles de Phnom-penh, Séoul, Tchao-tcheou, Moukden, Tôkiô, Nagasaki sont dues à des missionnaires. Sur celle de Bao-nham, bâtie au Tonkin méridional par M. A. Klinger, on a pu écrire cette prédiction : « Toutes les constructions de la province de Vinh seront effritées ou tombées en poussière, que l'église de Bao-nham dressera encore ses tours et ses murs, comme les vieilles cathédrales du Moyen âge. »

Les églises de Hanoï et de Ke-so ont été édifiées par M^gr^ Puginier ; Sainte-Marie de Blackpally à Bangalore, par M^gr^ Kleiner ; combien d'autres que nous ne pouvons nommer !

Les plans pour la construction d'une église de quelque

**80. — Plans, devis, architectes.** importance sont soumis avec les devis au supérieur de la mission, qui les examine en Conseil. Dans plusieurs Vicariats, des missionnaires doués d'aptitudes spéciales ont été désignés pour être les architectes ordinaires. Il leur est parfois arrivé de se trouver en désaccord avec des architectes diplômés, et d'avoir... raison. On a gardé à Saïgon le souvenir d'un plan fait par un architecte français, qui plaçait une pile ayant une pression de 27.000 kilos sur des boues sans fond. Le missionnaire chargé des constructions n'eut qu'à faire un autre plan. Il n'y a guère de chef-lieu de district qui ne possède, à cette heure, à la place des misérables paillotes de jadis, une belle église où l'on peut conserver avec convenance le divin Sacrement de l'autel.

Les oratoires ou chapelles sont loin de les égaler ;

**81. — Oratoires.** quelques-uns ont coûté 100 francs, d'autres 500 ; les feuilles, le pisé, les bambous en forment les seuls matériaux ; mais ils ont le grand avantage d'être une affirmation de l'existence du christianisme dans un village, d'offrir un lieu de réunion aux fidèles et un abri au missionnaire.

Près de la cathédrale est l'évêché, et près de l'église

**82. — Evêchés, Presbytères.** principale, la résidence du missionnaire. L'évêché, situé dans un terrain assez vaste, comprend, avec la demeure du supérieur de la mission, le logement du procureur, et très souvent celui des prêtres de la cathédrale et des ouvriers apostoliques de passage.

Les presbytères sont fort modestes ; ordinairement ils se composent d'une salle de réception, de deux ou trois

chambres entourées, dans les pays chauds, de larges vé-
randas, et, à quelque distance ou y attenant, d'une cui-
sine. Depuis plusieurs années, surtout dansl es régions de
rizières et de marais,on a construit des maisons avec étage.

Les chrétientés ont pour presbytère la petite sacristie
de l'oratoire. Là, tout est primitif : un lit en planches ou
en lamelles de bambou, une chaise, une table, et, appen-
du à la muraille branlante, un crucifix qui explique cette
pauvreté et la bénit.

En Chine, où plusieurs chrétientés n'ont pas d'oratoire, le missionnaire demeure dans une famille catholique. C'est un honneur dont celle-ci se montre fière ;
mais cette coutume, nécessaire autrefois, tend de plus
en plus à disparaître.

Les fidèles contribuent à la construction des églises,
des oratoires et des presbytères ;
**83. — Comment se construisent les églises et les pres- bytères.** les uns apportent leur obole ; les autres, les plus pauvres, qui ne peuvent rien donner, acquittent spontanément des journées de pres-
tation. Les missionnaires encouragent et régularisent ces
efforts ; quelques- uns font appel aux catholiques d'Amérique, d'Europe et surtout de France ; eux-mêmes paient
largement de leur personne ; plusieurs s'improvisent entre-
preneurs, briquetiers, maçons, menuisiers, pour diminuer le
prix de la main-d'œuvre ; d'aucuns y usent leur vie, en
s'exposant au soleil et à la pluie sur de fragiles échafaudages.
Notre bon Maître ne saurait refuser une place dans ses
tabernacles éternels à celui qui a abrégé ses jours pour lui
bâtir une demeure sur la terre, et qui peut, en paraissant
à son tribunal, répéter avec vérité la parole du Prophète
royal : « *Seigneur, j'ai aimé la beauté de votre maison.* »

## VII

## LE COLLÈGE GÉNÉRAL
## LES SÉMINAIRES DES MISSIONS

**84. — Débuts du Collège général.** Les *Instructions* de la Propagande aux premiers Vicaires apostoliques recommandaient « d'instruire des indigènes, et de n'épargner ni soins, ni travaux, pour en former plusieurs à l'état ecclésiastique ». Nous avons vu que, dès 1664, l'obéissance à ce conseil amena la fondation du Séminaire ou Collège général, qui reçut des élèves de toutes les missions confiées à la Société. Grâce au don fait peu après par le roi de Siam, Phra-Naraï, d'une propriété située à Mahapram non loin de Juthia, c'est là que fut fixé l'établissement. Des Siamois, des Tonkinois, des Cochinchinois, des Chinois vinrent y faire leurs études classiques, philosophiques et théologiques. En 1700, on y comptait une soixantaine d'élèves divisés en deux sections, formant l'une le petit, et l'autre le grand séminaire.

Des missionnaires européens y remplirent les fonctions de professeurs, et parmi eux, G. Bouchard, P. Duchesne et J. Pin y portèrent leur titre, le premier de licencié, et les deux autres de docteur de Sorbonne.

**85. — Langue latine.** A peu près dès le début, on introduisit dans la maison l'usage de parler latin, non seulement pendant les classes, mais aussi pendant les récréations et les promenades. Par suite de cette habitude toujours conservée, les élèves du Collège général écrivirent et parlèrent le latin avec la plus grande aisance et sur tous les sujets. Leurs correspondances, gardées soit dans les missions, soit au Séminaire des Missions-Etrangères, en sont des preuves péremptoires.

Il y a mieux encore. En 1903, on a publié, en un gros volume in-8 de 700 pages, écrites dans un latin très correct et parfois élégant, le *Journal* d'un de ces élèves, André Ly, prêtre du Se-tchoan. C'est un document de premier ordre sur les origines d'une Eglise extrême-orientale, sur sa discipline, sur la valeur de ses fidèles et sur son histoire de 1746 à 1763.

**86. — Transfert du Collège général, le Pape le prend sous sa protection.** Pendant un siècle, sauf de 1689 à 1692, le Collège général vécut tranquille. Lorsqu'en 1769 les Birmans envahirent le Siam et détruisirent sa capitale, il fut transféré à Chantaboun, puis à Ha-tien sur les côtes de Cochinchine. Les guerres civiles et étrangères le forcèrent à chercher un refuge sur une terre française, à Pondichéry. Il s'installa à quelques kilomètres du centre de notre colonie, à Virampatnam. En apprenant les tribulations de cette maison qu'il estimait grandement, le Souverain Pontife Pie VI adressa, le 10 mai 1775, à ses supérieurs et directeurs, un bref d'encouragements et d'éloges dans lequel nous lisons :

« Nous avons fort à cœur l'œuvre que vous poursuivez avec ardeur pour Jésus-Christ, l'Eglise et le Saint-Siège, et Nous approuvons le Collège que vous avez établi à Virampatnam, et dont vous êtes disposés à étendre l'action dans toutes les régions où le besoin s'en fera sentir. Cette œuvre sera mise sous Notre protection spéciale, sous celle du Saint-Siège et de la Congrégation de la Propagande. »

Sans parler des troubles causés par les guerres entre les Français et les Anglais, le Collège général, placé dans l'Inde, était trop éloigné de l'Annam et de la Chine, brûlé par un soleil trop chaud pour la constitution des élèves habitués à un climat plus tempéré. Il rendit cependant de notables services, jusqu'à ce que la Révolution, ruinant les Missions-Etrangères, l'obligea, faute de ressources, à fermer complètement ses portes. Ce fut une perte cruellement ressentie par les missions.

La Société avait alors à Macao un prêtre, C. Letondal,

**87. — Le Collège général installé à Pinang.** que ses fonctions de procureur ne semblaient pas prédisposer au rôle de restaurateur de Séminaire ; mais il possédait un grand esprit d'initiative et un cœur généreux qu'intéressait le bien général. Il résolut de rétablir le Collège et songea à l'installer à Manille. Le gouvernement espagnol ne lui en ayant pas accordé l'autorisation, il se tourna du côté de l'Angleterre qui, en 1786, avait pris possession de l'île de Pinang, à l'entrée de la mer de Chine.

Letondal trouva le gouverneur anglais bien disposé, reçut de lui une petite propriété dans la ville naissante de Georgetown, décida un missionnaire du Fo-kien, M. Lolivier, à prendre la direction de la maison, et écrivit aux Vicaires apostoliques les priant de lui envoyer des élèves. Ceux-ci vinrent peu à peu. En 1822, ils étaient 25 ; quinze ans plus tard, quand éclatèrent les grandes persécutions de l'Annam, qui contraignirent les missionnaires de ce pays à supprimer leurs séminaires, Pinang vit quintupler le nombre de ses élèves. En 1840, il en comptait 95, et 126 en 1850.

A cette époque, les classes étaient ainsi réparties : trois cours de latin pour les Chinois ; deux cours de latin pour les Annamites ; un cours de latin pour les élèves d'autre nationalité ; un du concile de Trente et un de théologie. On y adjoignit peu à peu des cours de philosophie, de rhétorique, de sciences, de géographie et d'histoire. C'est ainsi qu'il en est actuellement.

On y enseigne le latin, principalement dans les ouvrages sacrés et ecclésiastiques : la Bible, les Actes des martyrs, des extraits des Pères et des Docteurs de l'Eglise, le catéchisme du concile de Trente, le livre le plus connu de Lactance : *De la mort des persécuteurs* ; les écrivains profanes ne sont pas entièrement mis de côté ; enfin quelques volumes composés par des professeurs du Collège complètent cette bibliothèque pédagogique. Selon l'usage inauguré à Mahapram, on parle latin en classe et en récréation. Les élèves étudient aussi la langue et la littérature de leur pays d'origine.

Le règlement, dans son esprit et ses dispositions, rappelle les règlements de nos séminaires, excepté en quelques points, particulièrement celui qui est spécifié par l'article XIII prescrivant le travail manuel une heure chaque jour, de 5 à 6 heures du soir, « pour faire pratiquer l'humilité et conserver la santé ».

Les séminaristes quittent Pinang après un séjour dont la durée varie selon les études qu'ils avaient faites avant d'y venir. Les débutants y restent 9 ans.

Rentrés dans leurs missions, ils subissent une ou plusieurs années de probation, en remplissant les fonctions de catéchistes dans les paroisses, ou de professeurs dans les petits séminaires. Ensuite, ils passent une année ou plus au grand séminaire pour y revoir leur théologie, et enfin sont admis à recevoir les ordres sacrés.

Plusieurs centaines de prêtres ont fait leurs études au Collège général. Parmi eux plus de cent ont versé leur sang en témoignage de leur foi. Peu de séminaires, si même il en existe, ont, en un laps de temps aussi restreint, donné une telle liste de témoins de Jésus-Christ.

Une seule institution de caractère aussi général a été établie dans les missions, c'est le Séminaire fondé en 1892, dans l'île de Ceylan, par Léon XIII, pour y recevoir des jeunes gens des diocèses de l'Inde. Un prêtre de la Société des Missions-Etrangères, J.-M. Leroux, avait conçu un projet analogue, et l'avait expliqué dans une brochure publiée en 1866 à Madras, et intitulée : *Exposé de projets sur le clergé indigène dans l'Inde.*

**88. — Séminaires dans les missions de 1666 à 1860.**

L'existence du Collège général n'empêcha pas les missions de créer chez elles des petits et des grands séminaires. M. Deydier en installa un au Tonkin en 1666. La chose vaut la peine d'être racontée.

La persécution avait chassé les Jésuites de cette partie du royaume annamite ; les chrétiens étaient restés sans prêtres, « et beaucoup d'entre eux s'étaient laissés entraîner insensiblement à leurs anciennes superstitions, dans la fréquentation des païens ; leur foi et leurs mœurs avaient reçu de grosses atteintes ».

M. Deydier se déguisa en matelot, arriva dans la petite ville de Héan, alors comptoir européen, et se cacha dans une barque sur une des branches du Fleuve Rouge, celle qui descend vers Nam-dinh. On connaît ces barques ton-kinoises, longues, recouvertes d'une toiture en bois ou en feuilles, ouvertes aux deux extrémités. On y entre en se courbant, et on y demeure assis ou couché, car on ne peut pas s'y tenir debout. Le missionnaire avait appris la langue annamite au Siam, et peut-être aurait-il eu la tentation de se livrer immédiatement aux travaux du ministère, s'il n'avait été aussi pénétré des instructions de Rome. Il appela donc près de lui des catéchistes, leur prêcha une retraite, et leur dit « son intention d'en choisir parmi eux quelques-uns qui se rendraient à Juthia pour y recevoir les saints ordres, et reviendraient dans leur pays où ils seraient les Pères spirituels de l'Eglise qui les avait enfantés à Jésus-Christ ». Les deux premiers catéchistes, envoyés en 1668 à Juthia pour y être ordonnés, se nommaient Benoît Hien et Jean Hué.

Leurs études avaient été évidemment fort sommaires ; ils lisaient le latin sans le comprendre, et n'avaient appris d'autre théologie que celle du catéchisme longuement expliqué ; mais ils étaient pieux, dévoués, habitués aux affaires, habiles dans le maniement des hommes, respectés de leurs compatriotes ; ils rappelaient vraiment les *seniores* des siècles apostoliques.

Puis, toujours dans sa barque, Deydier réunit autour de lui d'autres catéchistes et commença à les instruire. Enfin, il se fixa en terre ferme, dans les environs de Héan, et en 1670 fit ordonner sept autres prêtres.

Peu à peu, les séminaristes étudièrent une théologie moins succincte, et demeurèrent moins étrangers à la langue de l'Eglise.

Les Vicaires apostoliques du Tonkin prirent toujours un soin extrême de recruter un clergé indigène aussi nombreux que le permettait la situation de leur mission. En 1790, Mgr Longer comptait 4 petits séminaires, et plus de 100 élèves dans celui de Vinh-tri, province de Nam-dinh. Lors des grandes persécutions, 1833-1862, comme il était dangereux d'avoir un groupement considérable en un seul endroit, on dispersa les élèves dans les provinces de Ninh-binh, Nam-dinh, Hanoï et Son-tay. Sous l'épiscopat de M<sup>gr</sup> Retord, 1840-1858, il y eut jusqu'à 8 séminaires, établissements de quelques mois ou de quelques années, construits en feuilles et en bambous, démontables, ou, comme on disait alors, pliables à volonté. Ces séminaires réunissaient, en 1850, sous leur toit éphémère, plus de 300 élèves. Nos archives contiennent sur quelques-uns d'entre eux des récits bien édifiants. A Hoang-nguyen, plusieurs jeûnaient tous les vendredis ; à Bai-vang et à Ke-luong, d'autres couchaient sur la dure et se donnaient la discipline deux ou trois fois par semaine.

Durant plus de 20 ans, le grand séminaire, fixé à Ke-non quand les persécuteurs voulaient bien le permettre, eut pour supérieur M<sup>gr</sup> Jeantet, « notre tailleur de pierres », disait Retord par allusion aux prêtres qu'il formait, « véritables pierres du sanctuaire ». Des cent et quelques prêtres dont il acheva l'éducation, 40 furent martyrs.

La Cochinchine n'eut pendant longtemps pas d'autre grand séminaire que le Collège général à Juthia ou à Pinang ; ses petits séminaires étaient à Phuong-ruou pour la partie septentrionale, et à Lai-thieu pour la région méridionale.

Le Se-tchoan avait un seul séminaire, fondé en 1702 par M. de La Baluère, d'après les ordres de M<sup>gr</sup> de Lionne. Abandonné par M<sup>gr</sup> Mullener, un lazariste, Vicaire apostolique de la province de 1715 à 1742, qui préféra envoyer des séminaristes à Rome et à Naples, il fut définitivement installé en 1762 par M<sup>gr</sup> Pottier. Celui-ci en confia la direction d'abord au prêtre chinois André Ly, et plus tard au pieux, docte et doux M. Hamel, qui s'appelait « le pauvre maître d'école ». Ce pauvre maître d'école, dont les 25 ou 30 élèves passaient du Yun-nan au Se-tchoan et du Se-tchoan au Yun-nan, pour se soustraire aux perquisitions des mandarins, fit, de 1780 à 1812, époque de sa mort, ordonner une vingtaine de prêtres.

Lorsqu'en 1776, la Société fut chargée de la mission Malabare, elle n'y trouva aucun prêtre indigène ; « car, selon la remarque de M<sup>gr</sup> Bonnand, les anciens missionnaires avaient jugé les Malabars inaptes à la prêtrise, ce qui n'était pas vrai dans toute son étendue ». La tâche fut dure, et c'est après en avoir apprécié les difficultés, qu'en 1802, le Préfet de la Propagande exhortait M<sup>gr</sup> Champenois « à tout mettre en œuvre pour conférer les Ordres sacrés aux jeunes Indiens ». L'évêque partageait cet avis, et fit avant de mourir en 1810 plusieurs ordinations.

Voilà, résumée à grands traits, l'histoire des séminaires des missions pendant deux siècles.

Les causes, dont nous avons parlé plus haut, du développement de l'apostolat, eurent la même heureuse influence sur les maisons d'éducation ecclésiastique, dont le nombre augmenta notablement.

**89. — Statistique des séminaires de 1860 à 1917.** En 1860, les missions de la Société, désolées par de fréquentes et sanglantes persécutions, ne comptaient que 11 séminaires avec 400 ou 450 élèves, auxquels il faut ajouter les 150 élèves du Collège général.

En 1880, le nombre des séminaires était de 30, et celui des élèves de 1.480.

En 1900, le premier de ces chiffres était monté à 41, et le second à 2.133.

Enfin, en 1917, les missions possèdent 50 séminaires. Encore importe-t-il de noter que la plupart de ces établissements ont deux sections séparées, le petit et le grand séminaire ; et, si l'on comptait scrupuleusement, ce n'est pas 50 qu'il faudrait dire, mais 90 ou 100. Ils renferment 2.369 élèves.

**90. — Mode de recrutement.** Le recrutement de ces élèves s'opère, comme en Europe, par les prêtres qui choisissent les enfants les mieux disposés. Ce premier choix fait, une sélection s'impose dont le mode est différent selon les Vicariats. Dans les uns, les enfants demeurent au service des missionnaires, apprenant à lire et à écrire leur langue et étudiant les premiers éléments du latin. S'ils sont jugés aptes à devenir étudiants ecclésiastiques, ils passent un examen pour entrer au petit séminaire. Ailleurs, par exemple en Birmanie méridionale, au Se-tchoan et au Kouy-tcheou, on a organisé des probatoriums, où sont reçus les enfants avant d'être admis au séminaire.

Tous les élèves, sauf de très rares exceptions, appartiennent à des familles qu'on appelle de vieux chrétiens, parce que leur conversion remonte au moins à deux gérations. « Tenons-nous fermes à cette conviction, a écrit un missionnaire, que les Chinois issus de familles de néophytes sont impropres à fournir cette somme de foi, d'esprit chrétien et de garanties morales qu'exige l'élévation au sacerdoce. »

Ces paroles sont vraies : un néophyte garde dans son esprit, dans ses habitudes, dans son sang même, quelque chose de païen incompatible avec la prêtrise ; chez ses enfants, ce degré de paganisme s'affaiblit, mais il existe encore, et il serait imprudent de passer outre ; ses petits-enfants peuvent seuls être appelés à l'état ecclésiastique.

**91. — Règlements. Différences avec les petits séminaires de France.**

Les règlements des petits séminaires diffèrent en plusieurs points de ceux qui régissent les nôtres. Les récréations y sont plus nombreuses, car la santé d'aucun Oriental ne résisterait à un système d'études aussi intense que celui de nos clercs. Et même avec cette modération dans le travail, combien de jeunes gens, sur lesquels on avait fondé des espérances, sont morts à 20 ans, de la phtisie contractée sur les livres !

La surveillance y est moins nécessaire et partant moins active qu'en France : « Lorsque je fus appelé au séminaire, écrit un missionnaire qui a vieilli dans l'enseignement, la première chose qui me frappa fut le caractère calme et sérieux des élèves. En Orient, l'enfant a déjà un peu le genre posé et poseur de l'homme fait. L'emploi de surveillant n'a pas là-bas la même importance qu'en Europe. »

Notons une autre différence, mais celle-ci dans les professeurs. En France, ordinairement, le professeur, après s'être perfectionné peu à peu, gravit lentement les degrés qui le font arriver aux classes supérieures. En Extrême-Orient, les professeurs, formés à leurs fonctions par les cours de philosophie et de théologie, peuvent seuls être assez sûrs d'eux-mêmes pour enseigner le rudiment. C'est, qu'en effet, il faut, pour instruire les enfants annamites, chinois, japonais, coréens ou indiens, qui ignorent le latin, très bien connaître leur langue et leur mentalité ; ce n'est pas l'affaire d'un jour. Plusieurs s'y attachent de tout cœur, trouvant dans ce labeur modeste des joies véritables.

M. Henry, pendant de longues années supérieur du petit séminaire de Pondichéry, faisait la classe de huitième. Comme on lui demandait un jour, pourquoi, au lieu de professer une classe élevée, il s'obstinait à faire celle-là, la plus fastidieuse de toutes : « La plus fastidieuse ! s'écria-t-il, mais, une telle parole est une sorte de sacrilège, que ne vous pardonneraient ni Montaigne, ni Fénelon, ni le Bienheureux Jean-Baptiste de la Salle. La plus fastidieuse ! Et l'explication de chaque mot qui vous permet d'ouvrir des mondes à vos jeunes élèves, et les anecdotes, les excursions fictives, les divers incidents scolaires, qui doivent éveiller les jeunes esprits... les comptez-vous donc pour rien ? »

Les études classiques durent 6 ou 7 ans.

**92. — Durée des études. Dépenses. Œuvres pour y subvenir.** Les frais en sont ordinairement supportés par la mission, sauf pour les enfants des familles aisées qui sont assez rares. Ils varient selon les pays. A Saïgon, au Se-tchoan, en Birmanie, dans l'Inde, ils sont de 250 francs environ; au Tonkin de 200; ils s'élèvent un peu plus haut dans les grands séminaires.

Les prêtres indigènes de la mission de Pondichéry recueillent entre eux, avec l'autorisation de l'archevêque, une cotisation mensuelle dont le but est de constituer un capital suffisant pour payer la pension d'enfants se destinant à l'état ecclésiastique.

En France, une Œuvre a été fondée sous le patronage de saint Pierre, ayant pour but d'aider les séminaires des missions. L'Œuvre Apostolique envoie parfois des secours dans le même but.

Malgré cette assistance, la pauvreté de quelques Vicariats ne permet pas de recevoir autant de jeunes gens qu'il s'en présente. Au Japon, Mgr Cousin, évêque de

Nagasaki, a dû, en 1909, faute de ressources, restreindre le nombre de ses séminaristes.

**93. — Grands séminaires.**
**Etudes, examens.**

L'entrée du lévite au grand séminaire est précédée ou suivie, selon la méthode observée, d'une ou de plusieurs années de probation en qualité de catéchiste.

Les études, qui généralement sont continuées pendant six années, ne s'éloignent guère de celles que l'on fait en France. Les mêmes auteurs y sont adoptés en certaines missions : Gury, Dupeyrat, Tanquerey. Ailleurs, ce sont des ouvrages composés par les missionnaires : au Se-tchoan, on enseigna longtemps la théologie de Mgr Pérocheau ; à Saïgon, on a la philosophie et la théologie de Mgr Dépierre et de M. Turgis ; au Tonkin méridional, les ouvrages de Mgr Elloy ; au Tonkin occidental, ceux de M. Schlicklin ; partout ou à peu près, on se sert des *Notæ addititiæ ad Gury* de M. Corre.

La plupart des étudiants ne feraient pas mauvaise figure dans un séminaire d'Occident. L'esprit oriental, très souple, saisit vite les notions philosophiques et théologiques ; peut-être ne se les assimile-t-il jamais parfaitement, ce qui d'ailleurs ne doit pas étonner. Quel Européen a pu comprendre la logique orientale? Les difficultés que nous éprouvons en face des constructions de leur pensée, les Orientaux les rencontrent identiques dans les systèmes philosophiques occidentaux.

Après leur ordination, les jeunes prêtres subiront chaque année, durant cinq ans ou plus, un examen sur les traités de théologie désignés par l'évêque.

Quant à la formation morale des élèves dans les petits et les grands séminaires, nous nous con-

**94. — Formation morale.** tenterons, pour la faire connaître, de citer ces lignes de M. Chargebœuf, missionnaire en Corée, ancien supérieur du séminaire de Ryong-san à Séoul, et aujourd'hui supérieur de celui de Tai-kou. Nous n'oserions dire qu'elles rendent exactement, dans toutes leurs expressions, la pensée des supérieurs de nos 50 séminaires ; mais elles ne doivent pas s'en éloigner notablement : « Rien ne me paraît plus essentiel à une vraie éducation, que de former à chaque instant la raison et la volonté de l'élève, et, pour y réussir, il faut lui montrer les motifs des règles qu'on lui impose, ne le gourmander que lorsqu'il aura manqué à un point connu et expliqué, lui faire connaître la nécessité de se former soi-même et d'agir par devoir et par vertu. Dût-on parfois laisser le champ libre à quelques manquements, l'important est de faire des hommes de devoir, l'important est l'éducation de la volonté. Si, au lieu d'exiger de lui une obéissance servile et sans idéal, à « l'œil du maître », on s'efforçait davantage de le laisser marcher seul, peut-être pourrait-on enrayer ce que Taine appelait « la disconvenance de l'édu-« cation et de la vie ». Ceci est surtout vrai de l'éducation chrétienne ; car l'éducateur chrétien peut appeler à son service non seulement la raison et la notion du devoir, mais l'esprit de foi, l'idéal du christianisme, et l'imitation du divin Maître, devant qui tout autre maître doit s'effacer, qui seul voit le fond des cœurs, sait inviter suavement à la pratique des vertus, ou reprocher les manques d'énergie et d'obéissance à la grâce. »

**95. — Vie spirituelle.** La vie spirituelle dans les séminaires des missions ne saurait être différente de celle que les supérieurs et les professeurs ont puisée au Séminaire des Missions-Etrangères et dans les ouvrages des vieux maîtres et des saints docteurs.

Sous quelque latitude qu'ils soient nés, et quelle que soit la mentalité dont la nature les ait doués, les hommes ont un même fonds de passions et de liberté, de vices et de vertus. Il n'est donc pas besoin de chercher de méthode nouvelle pour les préserver des mêmes dangers et les guérir des mêmes maux ; c'est pourquoi, on y fait les exercices de piété que nous jugeons les meilleurs pour nous : oraison, messe, communion, examen particulier, visite au Saint-Sacrement, retraites mensuelle et annuelle.

Ils ont aussi, ces chers jeunes gens, pour aimer le bon Dieu et le bien servir, des souvenirs que notre Europe ne connaît plus guère. Beaucoup d'entre eux sont petits-fils, ou arrière-petits-fils de martyrs. Dans leur enfance, au foyer paternel, on leur a dit : « Ton aïeul est resté en prison un an, deux ans, il a été étranglé ; ton grand-père a été décapité, parce que tous les deux avaient refusé de renier notre Dieu. » Et si l'on n'a pas ajouté : « noblesse oblige », on a remplacé notre proverbe par les sentiments d'affection et de respect dus aux ancêtres, et si profonds dans le cœur des Orientaux.

Il y a des séminaires où des enfants vont chaque jour s'agenouiller devant des reliquaires renfermant les ossements de leurs parents ; il y en a d'autres où lès promenades ont pour but « le champ des martyrs », terre rougie, trop récemment pour qu'on l'ait oublié, du sang des condamnés à mort pour Jésus-Christ. Le séminaire de Ryong-san, en Corée, est situé près de Saï-nam-hte, lieu du martyre de M<sup>gr</sup> Imbert, de MM. Maubant et Chastan, et à 3 kilomètres de la montagne qui reçut leurs corps après leur exécution, le 21 septembre 1839.

Le séminaire de Ke-so, au Tonkin occidental, est entouré de villes et de villages témoins des supplices de prêtres et de chrétiens. De celui de Phu-xuân, dans la Cochinchine septentrionale, on va en quelques minutes au pont de Bai-dau où fut étranglé le Bienheureux Isidore Gagelin, le premier martyr des persécutions d'Annam au XIX<sup>e</sup> siècle.

# VIII

## LE CLERGÉ INDIGÈNE

**96. — Statistique du clergé indigène.** Du Collège général et des séminaires particuliers des missions sont sortis, depuis 1664, environ 2.750 prêtres indigènes ; sur ce nombre 1.750 ont été ordonnés de 1860 à 1917.

Les missions où le recrutement a été et est encore le plus abondant sont celles des pays annamites : le Tonkin et la Cochinchine. En 1700, elles avaient 45 prêtres ; en 1760, près de 100 ; le Siam 4 et le Se-tchoan 2 ; mais ce dernier Vicariat avait été, de 1715 à 1753, sous une direction autre que celle de la Société.

En 1800, le Tonkin et la Cochinchine comptaient 115 prêtres indigènes, le Siam 4, le Se-tchoan 15, et les Indes, dans lesquelles la Société des Missions-Etrangères n'en avait pas trouvé lors de son arrivée en 1776, en possédaient 4 ou 5.

La statistique de 1860 accuserait un progrès autrement grand, si les prêtres indigènes n'avaient été plus que décimés pâr les persécutions ; leur nombre dans toutes nos missions était alors de 300. Actuellement il a plus que triplé : il est de 1.043.

Le Vicariat apostolique le plus riche en prêtres indigènes est le Tonkin occidental, il en a 122 ; viennent ensuite le Tonkin méridional, qui en compte 115 ; la Cochinchine occidentale, 92 ; la Cochinchine septentrionale, 73 ; le Se-tchoan oriental, 59 ; le Cambodge, 54 ; le diocèse de Nagasaki (Japon), 29.

Certaines missions paraissent avoir, eu égard au chiffre de leurs fidèles, un clergé indigène moins nombreux que d'autres ; ainsi, sur 87.000 catholiques, les deux Vicariats de la Corée ne comptent que 22 prêtres de ce pays. Ici, comme il arrive souvent, la statistique a besoin d'être expliquée.

En 1883, après la persécution et la longue absence des missionnaires, le recensement constatait en Corée 12.035 fidèles. Il y a donc eu, en 34 ans, un accroissement de 73.000 âmes, dû aux conversions plus qu'à l'excédent de natalité. Or, comme nous l'avons dit, des raisons graves empêchent de choisir des élèves ecclésiastiques parmi les néophytes ou parmi leurs enfants.

**97. — Proportion entre le nombre des séminaristes et celui des chrétiens.** On s'est demandé dans quelle proportion s'opère le recrutement sacerdotal, relativement au nombre des enfants qui entrent au séminaire, et au nombre total des chrétiens qui est actuellement dans nos 35 missions de 1.640.000. Le premier calcul a donné pour réponse : sur 100 élèves qui commencent leurs études au petit séminaire, 7 ou 8 parviennent au sacerdoce. Le second calcul a été fait en laissant de côté les missions de l'Inde, et les familles de néophytes ; on a trouvé : depuis 1880, 1 prêtre sur 600 chrétiens. La moyenne s'éloigne-t-elle beaucoup de celle du recrutement en France ?

Dans cette moyenne ne figurent pas les missions de l'Inde, parce qu'elles présentent au recrutement sacerdotal un obstacle particulier et insurmontable, qu'en 1877 Mgr Laouënan exposait ainsi :

« La population du Vicariat en nombre rond étant de 170.000 chrétiens, je pose en fait qu'environ 120.000 ou peut-être 130.000 se composent de parias. Sur les 30.000 ou 40.000 qui restent, les deux tiers appartiennent à des castes réputées dans le pays peu honorables, et qui, de fait, sont peu honorées. Il ne reste que les castes tout à fait supérieures comptant 15.000 âmes, parmi lesquelles nous puissions recruter notre clergé.

« Et ici, il n'y a pas à dire, à invoquer les principes d'égalité ; un prêtre paria, ou d'une caste inférieure, serait méprisé ; il ferait mépriser le sacerdoce et l'état ecclésiastique ; ses coassociés de caste eux-mêmes le mépriseraient ; son sacerdoce serait stérile, impossible. »

A cette époque, le Vicariat apostolique de Pondichéry comptait 26 prêtres indigènes. Aujourd'hui, le même territoire, comprenant les diocèses de Pondichéry et de Kumbakônam, en possède 42 ; et les fidèles parmi lesquels on peut choisir des prêtres ne dépassent pas le chiffre de 25.000.

Dans certaines missions, celles du Japon en particulier, il serait possible d'avoir un plus grand nombre de prêtres, si les ressources étaient plus considérables, car il ne suffit pas de former un clergé indigène, il faut le faire vivre.

**98. — Viatique.** Différents selon les pays, par suite de la cherté de la vie, les viatiques des prêtres indigènes varient de 200 à 600 francs.

En 1851, le prêtre Lazare Appavou, de la mission de Pondichéry, avait émis l'idée de former un capital pour l'entretien du clergé indigène. « Dans 20 ans, disait-il, on pourrait avoir les fonds nécessaires à l'entretien de 20 prêtres indigènes. » Mais il n'avait pu donner de base pratique à son projet, car il ne savait où prendre le capital, et il concluait tristement : « Les rajahs et les riches sont païens, le gouvernement est protestant ; les chrétiens sont pauvres. » Cette idée a été reprise et a reçu un commencement d'exécution, il y a une trentaine d'années, par les prêtres indigènes de la même mission.

Des bourses ont été fondées par quelques pieuses chrétiennes de France, de manière à constituer le viatique d'un ou de plusieurs prêtres indigènes. Daigne le bon Dieu inspirer à beaucoup de fidèles des sentiments aussi utiles au salut des âmes, surtout en ces années où la persécution religieuse et la terrible guerre européenne ont dépeuplé les séminaires français, et par conséquent diminué les sources du recrutement des Missions-Etrangères.

Ces questions de statistique étudiées, il n'est pas sans intérêt de rechercher si, par ses qualités et par ses services, le clergé indigène a répondu aux espérances de ses promoteurs.

**99. — Qualités et défauts.**

En grande majorité pour ne pas dire tous, parce qu'il faut faire la part de la faiblesse humaine, ces prêtres travaillent avec conscience, dignité et dévouement. Il est utile cependant de constater qu'en général ils sont plus conservateurs que conquérants, nous voulons dire meilleurs administrateurs d'une paroisse que convertisseurs d'infidèles.

Des défauts de caractère, de race, de caste, ils en ont comme tout le monde ; mais ils n'en ont assurément pas le monopole, et je ne sache pas sous le soleil un pays où les hommes soient jugés parfaits par leurs semblables. Ils peuvent se perfectionner, comme le clergé de France et d'ailleurs, devenir plus savants, plus pieux, plus zélés, plus humbles ; ils peuvent diminuer leurs préjugés, parce qu'il est toujours possible d'augmenter ses vertus et ses qualités ; mais, comme le disait M<sup>gr</sup> Bonnand : « Nous avons à perfectionner notre clergé indigène, nous n'avons pas à le modifier dans ses lignes essentielles. »

En dehors de leurs travaux, uniquement par leur présence et leurs fonctions, les prêtres indigènes acclimatent le catholicisme dans des contrées où règne la défiance à l'égard de tout ce qui vient du dehors ; ils sont peut-être la meilleure preuve aux yeux des païens que la religion du Christ est universelle.

Ce sont là des traits généraux qu'il ne sera pas sans intérêt de préciser par quelques pages d'histoire et par quelques portraits.

**100. — Résultats de l'institution du clergé indigène.** Parmi les avantages qu'en 1658 les promoteurs du clergé indigène énuméraient, ils indiquaient l'obligation, en temps de paix, d'aider les ouvriers apostoliques trop peu nombreux, et, en temps de persécution, la nécessité de les suppléer. L'exactitude de ces affirmations fut de vérification facile. M. Deydier au Tonkin et M. Brindeau en Cochinchine en eurent les premiers la preuve, puisqu'ils ne trouvèrent que des catéchistes pour prendre soin des chrétiens.

Les prêtres, formés par eux et ordonnés en 1668 et en 1670, durent donc immédiatement remplacer les missionnaires absents. Au Tonkin, ils étaient au nombre de 9. Le plus âgé, Martin Mat, avait 68 ans ; le plus jeune, Vite Tri, 30 ; on avait dérogé en sa faveur, à cause de sa vertu et de sa prudence, à la décision prise de ne pas ordonner d'indigène âgé de moins de 40 ans.

Chacun d'eux fut placé à la tête d'un des districts dont M^gr Lambert de La Motte fixa les délimitations.

Voici, en chiffres, les résultats des travaux de ces premiers prêtres tonkinois :

| ANNÉES. | BAPTÊMES | CONFESSIONS |
|---|---|---|
| 1673 . . . . . | 5.386 | 46.167 |
| 1674 . . . . . | 6.690 | 53.045 |
| 1675 . . . . . | 8.831 | 55.432 |
| 1676 . . . . . | 7.769 | 56.100 |
| 1677 . . . . . | 6.523 | 56.910 |

Eloquente dans sa brièveté, cette statistique est la preuve la plus palpable du zèle de ce clergé naissant, et le plus sûr témoignage des bénédictions que Dieu répandait sur son action.

Pendant le XVIII^e siècle, la nécessité du clergé indigène ne se fit pas sentir moins vivement. En parcourant le catalogue des Vicariats, on trouve, en 1730, au Siam 3 missionnaires pour 3.000 catholiques, en Cochinchine 4 pour 60.000, et au Tonkin occidental 5 pour 120.000.

En 1805, la situation ne s'est pas notablement améliorée. En comptant les Vicaires apostoliques et leurs coadjuteurs, le Siam a 3 missionnaires, la Cochinchine 5, le Tonkin 7, le Se-tchoan 5. Qu'auraient pu faire, en si petit nombre, ces ouvriers apostoliques ? Comment, malgré un zèle ardent et un dévouement actif, leur aurait-il été possible d'administrer les sacrements aux chrétiens, et de s'occuper de la conversion des païens ? Les 130 prêtres indigènes dont ils disposaient à cette époque comblèrent en partie les vides. Grâce à eux, les missions se conservèrent, on devrait dire qu'elles prospérèrent : le Se-tchoan, en effet, qui renfermait 25.000 catholiques en 1805, en a 40.000 dix ans plus tard ; le Tonkin et la Cochinchine enregistraient chaque année de 500 à 1.200 conversions.

Voici l'époque des grandes persécutions : de 1815 à 1825, le Se-tchoan est affligé par le martyre de son évêque, celui de 4 prêtres indigènes et l'emprisonnement de nombreux chrétiens ; de 1833 à 1862, l'Eglise d'Annam, des frontières du Cambodge à celles de Chine, est noyée dans le sang de ses enfants.

C'est ici le cas de répéter les paroles écrites par le P. de Rhodes, avant la fondation des Missions-Etrangères : « Nous avons tout sujet de craindre qu'il n'arrive à l'Eglise d'Annam ce qui est arrivé à celle du Japon. »

Mais les précautions ont été prises ; les chrétiens pourront continuer leurs pratiques religieuses, les prisonniers recevoir le saint viatique, les apostats être réconciliés, et les condamnés trouver sur la route du martyre une main pour les absoudre.

Les prêtres indigènes eux-mêmes deviennent les meilleurs recruteurs du clergé de leur pays.

Pierre Khanh instruisit plus de 40 séminaristes, dont 8 furent prêtres avant sa mort ; Jean Hoan compta 11 de ses élèves promus au sacerdoce ; Paul Bao-Tinh, supérieur du séminaire de Vinh-tri, obtint du gouverneur de la province de Nam-dinh l'autorisation de fonder un séminaire, que l'on désigna sous le nom de « collège pour l'étude des belles-lettres ».

Hélas ! ce n'était pas trop de toutes les bonnes volontés pour remplacer ceux dont les têtes tombaient sous le sabre du bourreau.

**101. — Prêtres indigènes martyrs. André Kim.**

De septembre 1858 à juin 1862, le Tonkin occidental compta 31 prêtres martyrs ; le

Tonkin méridional 20, la Cochinchine septentrionale 4, la Cochinchine orientale 21, et la Cochinchine occidentale 3. Au total 78 en 4 ans.

Parmi eux, on en trouve de jeunes, enlevés aux premiers jours de leur carrière apostolique : tels, le Cochinchinois Pierre Luu, décapité à Chau-doc en 1859. Des vieillards repoussent avec le même admirable courage les propositions d'apostasie qu'on leur adresse. Pressé de fouler aux pieds la croix, le prêtre tonkinois, Jacques Nam, s'écrie :

« Comment, moi, je suis prêtre, et je foulerais aux pieds 'image de Celui que j'adore ! J'abandonnerais la religion véritable dont je suis le ministre ! Ne dois-je pas pratiquer la doctrine que j'ai prêchée aux autres? Il faut plutôt mourir que d'abandonner la religion. Eh ! qui donc mourra pour sa foi, si le prêtre s'y refuse? »

A l'extrémité du continent asiatique, dans la Corée où les missionnaires n'étaient apparus que pour mourir, le prêtre André Kim, par sa vie pleine de labeurs, de périls et de misères, étonnante de courage, arrachera à ses juges ce cri : « Pauvre jeune homme, dans quels terribles travaux il a toujours été depuis l'enfance ! » Et combien cette pitié était méritée !

A peine âgé de 20 ans et désireux de se consacrer à Dieu, André Kim quitte son pays avec deux compagnons, met huit mois pour arriver, à travers la Mandchourie et la Chine, jusqu'à Macao à la procure des Missions-Etrangères. Dès qu'il sait balbutier le latin, il devient interprète du commandant français Cécile sur l'*Erigone*, en 1842. Du Chan-tong il passe en Mandchourie, et essaie de pénétrer en Corée par la côte occidentale. Après avoir erré pendant deux jours sans prendre aucune nourriture, accablé de fatigue, mourant de faim, il franchit sur la glace le fleuve frontière et revient dans le Leao-tong. Plus heureux dans une seconde tentative, il atteint Séoul, achète une maison pour loger son Vicaire apostolique, et un bateau pour aller le chercher en Chine. Il se lance en pleine mer sur une barque de 25 pieds de long, et malgré la tempête, qui a brisé le mât, déchiré les voiles, et emporté le gouvernail de son frêle esquif, il arrive à Changhaï. Il a la présence d'esprit de mouiller au milieu des navires anglais en station, et grande est la surprise des officiers, quand ils entendent André Kim leur crier en français : « Moi, Coréen, je demande votre protection ! » Il est ordonné prêtre le 17 août 1845, et huit jours après, prenant secrètement à bord son évêque M$^{gr}$ Ferréol et un missionnaire M. Daveluy, il fait voile vers la Corée où il débarque le 12 octobre.

A peine arrivé, M$^{gr}$ Ferréol, cherchant à ouvrir une autre voie de communication aux ouvriers apostoliques, envoie André Kim s'informer des barques qui naviguent sur les côtes coréennes, et se mettre en rapport avec quelques pêcheurs chinois. L'intrépide apôtre avait heureusement rempli sa mission, quand il est pris par les mandarins, condamné à mort, et exécuté le 16 septembre 1846, à l'âge de 25 ans.

**102. — Prêtres indigènes en paroisse.** A la même époque, dans les chrétientés de l'Inde que les persécutions sanglantes n'atteignent pas, les prêtres indigènes aident les missionnaires à triompher des Goanais schismatiques. A Karoumatampatty, le prêtre Aroulnader lutta contre eux avec courage ; les schismatiques forcèrent l'entrée de l'église, brisèrent les portes, puis ils dénoncèrent Aroulnader au magistrat anglais, qui ordonna au prêtre catholique de quitter le village et de s'en retourner à Pondichéry.

De 1840 à 1850, le prêtre Lazare Appavou construisit les églises de Pillavandandey, Tranquebar, Mayavaram, Yeriour, acheta des terrains pour élever des oratoires et établir de nouvelles chrétientés, administra avec autorité et habileté le district de Kumbakônam comptant 12.700 fidèles. En même temps, il concevait le plan d'une congrégation religieuse, « composée de prêtres et de laïques voués principalement à la conversion des païens, et absolument disposés à fouler aux pieds l'orgueil des castes ». On ne sera donc point étonné d'entendre M<sup>gr</sup> Bonnand faire de lui cet éloge : « Il travaille autant que les prêtres européens ; il confesse aussi longtemps qu'eux. Il se lève de grand matin, et célèbre la messe, de préférence la première. Il a des ornements et du linge propres. Il récite son bréviaire avec une piété extérieure qui fait plaisir. Il ne paraît pas être recherché dans la nourriture. Il montre beaucoup de sagacité dans les affaires. Il est aussi très pliant, mais cela d'une manière toute naturelle. »

Actuellement, placés à la tête de paroisses, tantôt seuls, **103. — Travaux actuels des prêtres indigènes.** tantôt sous la direction de missionnaires, les prêtres indigènes ont à gouverner, au Tonkin et à Pondichéry, chacun de 3.000 à 4.000 fidèles ; en Corée, en Cochinchine et au Japon de 1.000 à 1.200, ou bien quelques centaines très dispersés dans les montagnes du Yun-nan, du Kouy-tcheou et du Se-tchoan.

D'autres sont professeurs dans les petits séminaires. Plusieurs composent ou traduisent des livres de piété et de doctrine, dont le style est fort goûté. Nous ne pouvons présenter ici un catalogue de leurs ouvrages ; voici quelques titres :

*Sebattiana parvadam* (Montagne de la prière et de la méditation), *Gnanamirda taganam* (Réservoir d'ambroisie spirituelle), *Anuchtana tibiguei* (Flambeau de l'observation) du prêtre Louis ; *Gnana nadei* (Voie spirituelle) par le prêtre Aloysius ; *Motcha radari* (Passeport pour le ciel) par le prêtre Rattinanader ; *Ieju talei sarppa sangaram* (Destruction des sept serpents capitaux) par Arokianader. Les auteurs ou traducteurs de ces ouvrages appartiennent à la mission de Pondichéry.

Nous connaissons une trentaine d'ouvrages faits par des prêtres japonais, et une vingtaine par des prêtres annamites.

Les principaux sont au Japon : *Shutoku shinan* (Perfection chrétienne, de Rodriguez), traduction et adaptation par M. Kataoka ; *Seitai hai ryoben* (La Communion fréquente, de Mgr de Ségur), traduction par M. Ishibashi ; du même, *Mirai nokibo* (Le Chemin de la vie future) et *Zaïgen Sebatsu* (La lutte contre les péchés capitaux) ; *Kenteki* (Sermons) par M. Araya ; *Seibo Maria no 7 no kana shimi* (Les sept Douleurs de la Sainte Vierge, de saint Alphonse de Liguori), et *Seitai homon* (Visites au Saint-Sacrement), traduction et adaptation par M. Urakava.

En Cochinchine occidentale, M. Qui a publié *Sach gam quanh nam* (Méditations pour tous les jours de l'année), en 5 volumes ; *Hanh ong thanh Luy Gonzaga* (Vie de saint Louis de Gonzague); *Hanh Ba co lôc Magarita Maria* (Vie de la Bse Marguerite-Marie).

Le prêtre le plus connu du Tonkin occidental, le P. Six,

**104. — Le P. Six au Tonkin occidental.** a composé des poésies admirées des lettrés annamites ; mais c'est moins par son talent littéraire que par son habileté diplomatique et son administration heureuse, qu'il est célèbre parmi ses compatriotes et parmi les Français de l'Indo-Chine. De son vrai nom, le P. Six, mort en 1899, s'appelait Triem, mais comme il avait été diacre pendant longtemps, que le diaconat est le sixième ordre, on prit et on garda l'habitude de lui donner le nom de Six. Il était âgé d'environ 30 ans, lorsque, pendant la persécution de 1860, une sentence d'exil l'envoya dans la région de Lang-son. Il y força, par son caractère et sa science littéraire déjà grande, l'estime des mandarins provinciaux, qui le donnèrent comme précepteur à leurs enfants, et lui permirent même de rompre provisoirement son exil pour aller dans le delta se faire ordonner prêtre par Mgr Jeantet ; puis il retourna à Lang-son.

Libéré lors de la pacification religieuse, 1862-1863, il fut nommé curé de Phat-diem, non loin de la mer.

La paroisse était bonne, il l'améliora, et lui donna de sages règlements qu'il fit observer. Il sut amener les catholiques de la région à prendre conscience de leur valeur. Ceux-ci étaient nombreux, travailleurs, honnêtes, mais d'une timidité excessive. Le P. Six leur fit comprendre qu'ils avaient les mêmes droits que les bouddhistes ; il les poussa aux fonctions communales, cantonales, et leur assura ainsi une réelle force sociale.

Il fit accorder à la mission des terrains alluvionnaires, fit creuser un canal, élever une digue, et aujourd'hui plusieurs villages s'enrichissent du produit des rizières ainsi conquises sur la mer.

Il construisit dans sa résidence une église qui révèle une véritable originalité de conception : longue de 80 mètres, haute de 20, édifiée, partiellement du moins, en blocs de granit, elle est, a-t-on dit, « le premier type de la traduction architecturale du catholicisme d'après la conception annamite ».

Au point de vue politique, la situation du P. Six fut délicate pendant la conquête du Tonkin par la France, puisqu'il appartenait par son origine au peuple conquis ; et aussi pendant la paix, car son prestige inquiétait quelques fonctionnaires ombrageux. Mais il déploya une habileté si parfaite, que le gouvernement annamite le nomma ministre honoraire des rites, délégué royal pour le Ninh-binh et le Thanh-hoa, et commandeur du Dragon de l'Annam, tandis que le gouvernement français le décorait de la rosette d'officier de la Légion d'honneur.

Nous paraissons loin de la barque de M. Deydier et du pauvre séminaire qui se balançait au gré des eaux du Fleuve Rouge, nous en sommes bien près cependant. C'est le germe unique qui a grandi, il n'a point changé de nature ; la même sève coule de ses racines à ses branches, ses fleurs répandent le même parfum, ses fruits offrent la même saveur.

La Propagande peut reconnaître, dans les prêtres indigènes du XIXᵉ et du XXᵉ siècle, le portrait tracé par elle dans les *Instructions* qu'elle adressait aux premiers Vicaires apostoliques.

**105. — Maladie. Mort. Messe.** Lorsque la maladie ou la vieillesse force ces prêtres au repos, ils trouvent, soit dans les séminaires, soit dans des sanatoriums à leur usage exclusif, les soins et le calme dont ils ont besoin. Le sanatorium établi par Mᵍʳ Mossard, pour ceux de la mission de la Cochinchine occidentale, est situé non loin de Saïgon, dans la vaste plaine de Chi-hoa. L'air y est pur, et une belle chapelle ornée de nombreux autels y a été construite en 1902.

A leur décès, tous ont droit à trois messes célébrées

par les missionnaires et par les prêtres indigènes du Vicariat auquel ils appartiennent.

Tel est le clergé indigène sous l'autorité et la direction des missionnaires. Laissé à lui seul, que serait-il? Un prêtre d'Extrême-Orient pourrait-il être évêque, chef d'un Vicariat, d'un diocèse? Saurait-il commander à un certain nombre de prêtres ses compatriotes? Posséderait-il les qualités et les vertus requises pour ces hautes fonctions?

**106. — Un prêtre indigène peut-il être évêque?**

Ceux qui ne le pensent pas rappellent l'exemple de M$^{gr}$ Lopez en Chine et de M$^{gr}$ Pérez en Cochinchine, l'un et l'autre fils de Portugais et d'Orientales, et dont les épiscopats furent médiocrement heureux. Ces exemples, vieux de deux siècles, ont-ils encore une valeur très probante? Il y a d'autres motifs beaucoup plus proches de nous. Les exposer sortirait de notre cadre.

Tout au moins citerons-nous le sentiment de M$^{gr}$ de Guébriant, Vicaire apostolique de Canton, qui a posé et résolu la question, en ce qui concerne la Chine :

« Pourquoi pas d'évêques chinois? Parce que, la raison est péremptoire et me dispense d'en indiquer plusieurs autres, parce que le clergé indigène n'a pas en Chine d'existence officielle, de statut légal.

« Eût-il sous sa houlette 200.000 fidèles, c'est à genoux devant son mandarin, simple sergent de police peut-être, c'est à genoux et sous la menace des soufflets de cuir et des verges de bambou, que l'évêque chinois aurait à réclamer la liberté de son ministère et à défendre les droits de ses fidèles. Dans ces conditions, je ne pense pas qu'un seul chrétien chinois intelligent désire avoir, à l'heure qu'il est, un évêque chinois. »

Mais ce qui est vrai en Chine peut ne pas l'être ailleurs, et il est permis de se demander si un avenir prochain n'exigera pas certaines modifications dans l'emploi qu'on fait du clergé indigène. Au moment où nous écrivons ces lignes, nous apprenons que dans certains Vicariats privés de missionnaires par la guerre, des prêtres indigènes occupent, à la satisfaction de tous, des postes importants.

## L'ÉVANGÉLISATION DES INFIDÈLES

**107. — Nécessité de la prédication.** L'évangélisation est l'essence même du christianisme. Nous avons rappelé les paroles de Notre-Seigneur donnant à ses disciples l'ordre de prêcher l'Evangile par le monde entier.

Après le Maître, l'apôtre saint Paul a dit très explicitement : « *Ceux qui invoqueront le nom du Seigneur seront sauvés. Mais comment invoqueront-ils celui en qui ils n'ont point cru? Ou comment croiront-ils à celui qu'ils n'ont pas entendu? Et comment entendront-ils si personne ne les prêche? Et comment prêchera-t-on si on n'est pas envoyé? comme il est écrit : « Qu'ils sont beaux les pieds de ceux « qui annoncent la paix, qui annoncent le bonheur!* »

Méditant ces paroles, le jeune homme a regardé le monde; il y a vu des créatures semblables à lui errer dans les ténèbres ; il a senti le besoin d'aller les chercher afin de les conduire vers la lumière ; ce jour-là le missionnaire est né en lui.

Tous les aspirants des Missions-Etrangères ont éprouvé, dans un frémissement de leur cœur, ce grand désir de la conversion du monde, qui dictait à M. Mabileau, martyr au Se-tchoan en 1865, cette parole : « C'est poignant de voir tant d'âmes se perdre. » Pour essayer de le réaliser, ils sont venus frapper à la porte du Séminaire, sûrs que leur vie entière serait consacrée uniquement à l'apos-

tolat dans les pays infidèles, puisque la Société des Missions-Etrangères n'a pas d'autre but.

Leur vœu a été exaucé. Depuis leur départ, ils vivent

**108. — Difficultés des conversions.** au milieu de populations igno-
rantes du vrai Dieu et leur
apprennent à le connaître. Le
labeur est rude et le succès paraît lent au zèle qui les anime.

« Voir, en imagination, dans des chevauchées héroïques,
passer tout là-bas la glorieuse phalange des missionnaires
nimbés de lumière et la croix à la main, donnant le baptême à des foules prosternées à leurs pieds, c'est beau,
mais ce n'est pas cela. »

Le missionnaire qui écrivit ces lignes a exactement résumé les sentiments de beaucoup de chrétiens et la réalité
des choses. Les chrétiens se trompent en effet, sauf en
des exceptions si rares qu'elles sont des miracles de premier ordre ; et encore faut-il ajouter que les convertis
en masse, quand il y en eut en Extrême-Orient, oublièrent
souvent leur baptême, si d'autres prêtres ne se fixèrent
pas près d'eux pour le leur rappeler. Laissons donc de
côté les exceptions.

Ordinairement, les conversions se heurtent à de nombreuses difficultés ; contentons-nous de citer les principales : les prescriptions de l'Evangile, parfois pesantes au
cœur des catholiques d'Occident, et bien plus lourdes à
celui des païens ; les calomnies contre les missionnaires
et contre les chrétiens, souvent renouvelées de celles
que l'on répandait aux premiers siècles de l'Eglise ; les
persécutions générales ou particulières, officielles ou privées ; les vexations et les procès que les néophytes ont à
subir de la part même de leurs parents et de leurs amis.
Qui n'a lu des centaines de faits à l'appui de ces lignes ?

Lorsque ces difficultés sont vaincues, les catéchumènes

**109. — Instruction des catéchumènes.** doivent se soumettre à une assez longue préparation, imposée par l'Eglise, déterminée par les règlements de la mission, et dictée par une longue expérience.

Les uns demeurent dans leur village, où ils étudient les vérités chrétiennes, aidés par un catéchiste ou par d'anciens chrétiens, et visités le plus souvent possible par le prêtre. Les autres se réunissent dans le catéchuménat d'une chrétienté centrale, où ils sont instruits, logés et parfois nourris. La durée du temps d'épreuve diffère selon les pays et le caractère des populations ; en Chine elle est de 3 mois à 1 an ; au Japon, elle n'excède guère 40 jours ; dans l'Inde, le directoire de Pondichéry la fait descendre à 30 jours ; au Tonkin occidental le coutumier juge qu'il n'est pas expédient de baptiser les catéchumènes avant 3 mois de probation, « parce que, dit-il, on s'exposerait à croire sincères des gens qui ne le sont pas ». Partout, d'ailleurs, ce qui est conforme aux instructions de la Propagande, on admet des exceptions fondées sur les dispositions des catéchumènes et sur la situation dans lesquelles ils se trouvent.

Peu nombreux pendant les XVIIᵉ et XVIIIᵉ siècles, les

**110. — Augmentation du nombre des conversions.** missionnaires ne firent que de modestes conquêtes, en partie, hélas ! ruinées par les persécutions de la première moitié du XIXᵉ. Mais dès qu'ils purent jouir de la liberté, que leurs ressources et leur personnel augmentèrent, leurs progrès s'accentuèrent. En 1800, le chiffre annuel des conversions arrivait à peine à une moyenne de 2.500

en 1870, il dépassait 10.000 ; et, lorsqu'au lieu de 25 ou 30 missionnaires chaque année, le Séminaire en envoya 50, 60 et même 70, le nombre des baptêmes d'adultes approcha de 40.000.

**111. — Comment s'opèrent les conversions.** Les conversions sont un effet de la grâce de Dieu, et aucun ouvrier apostolique ne saurait s'en attribuer l'honneur ; mais, à moins de circonstances fort rares où la grâce agit directement sur les infidèles, la Providence se sert d'intermédiaires. Le missionnaire est le premier qu'elle emploie. Il a des aides : catéchistes, religieux, religieuses, chrétiens de vieille souche, néophytes poussés par l'ardeur de leur foi nouvelle ; des païens mêmes contribuent, sans le vouloir et sans le savoir, à l'extension du règne de Jésus-Christ. On n'attend pas que nous racontions ou que nous résumions beaucoup de faits. Les *Annales de la Propagation de la Foi*, les *Missions Catholiques*, les *Annales des Missions-Etrangères*, et les *Bulletins* publiés par les Congrégations apostoliques en sont remplis. Il en est cependant de particulièrement intéressants qui nous reviennent en mémoire.

**112. — Perieunagayam. M. Ligeon. Résultats.** Un mouvement sérieux vers le catholicisme commença dans la mission de Pondichéry en 1860. Il était dû à un chrétien, ancien maître d'hôtel nommé Perieunagayam, que ses clients, les capitaines au long cours, avaient, on ne sait pourquoi, surnommé Cambronne. Devenu riche, il s'était retiré des affaires et faisait chaque année un pèlerinage à la Sainte Vierge, dont une ancienne statue est pieusement conservée dans l'église de Nangatour. En s'en revenant, il s'arrêtait dans les villages païens, et invitait les habitants à dîner. Après le repas, il exposait les principales vérités catholiques ; on l'écoutait, on le remerciait, mais personne ne se convertissait. Lui ne se décourageait pas ; à son cinquième ou sixième pèlerinage, il décida quelques familles à se faire instruire, et même l'une d'elles à se rendre à Pondichéry pour y recevoir le baptême.

Un missionnaire, M. Ligeon, professeur au séminaire, demanda à aller pendant les vacances continuer les tentatives de Perieunagayam. Il obtint la permission, et baptisa 59 païens à Counatour. De là il passa à Vaïlamour. Il y arriva le bâton à la main, les pieds nus, suivi d'un serviteur qui portait toute sa fortune sur la tête: sa chapelle, quelques vases de terre et un peu de linge. Il se présenta au chef du village. « Je suis, lui dit-il, un pauvre étranger, j'ai quitté le monde pervers et je désire servir Dieu dans la solitude. Voudriez-vous avoir l'obligeance de m'indiquer un endroit isolé où je puisse librement m'adonner à la prière ? »

Le chef lui répondit : « Nous sommes de pauvres gens, mais nous sommes honnêtes. Les prières d'un homme aussi vertueux que vous semblez l'être ne pourront que nous attirer les bénédictions du ciel. » Ce disant, il l'emmène à deux portées de voix du village, lui indique un terrain vague, parsemé de palmiers et de dattiers sauvages. « C'est ici, lui dit-il ; installez-vous comme vous l'entendrez ; pas un poil de votre barbe ne tombera sans que je m'en inquiète, car je vous prends sous ma protection. » Puis, portant au front ses deux mains jointes, il s'en alla en murmurant : « Vraiment, cet homme blanc a l'air d'être la pénitence incarnée. Les dieux bons sont pour nous, puisqu'ils permettent qu'un pareil Souami vienne sanctifier notre pays. »

Ce soir-là et la nuit suivante, le missionnaire coucha à la belle étoile, son domestique à ses pieds. Mais le troisième jour il avait un abri, grâce à quelques arbres coupés dans la forêt voisine, plantés en terre et reliés entre eux par un mur de boue. Il n'en fallait pas davantage pour le saint prêtre, qui bénit sa case, et s'y installa.

Dans l'Inde, un homme qui se respecte ne doit jamais user de boisson fermentée ni d'aucune nourriture animale. Cette coutume n'étant en rien contraire à la morale chrétienne, M. Ligeon s'y astreignit rigoureusement, afin de se faire tout à tous, pour gagner les âmes à Jésus-Christ.

Durant près d'un mois, personne n'osa lui adresser la parole. Enfin, quelqu'un se hasarda un jour à lui demander qui il était et pour quel motif il était venu.

Le missionnaire répondit : « La vie est courte ; elle ne nous a été donnée que pour mériter la béatitude éternelle dans un monde meilleur. Or, pour obtenir le ciel, il faut aimer et servir Dieu, seul créateur du monde et de tout ce qui existe ; il faut encore faire pénitence pour les péchés que l'on a commis, et vaincre ses passions mauvaises. » Partant de là, il essaya de montrer à ceux qui l'entouraient la fausseté de leurs divinités, et il leur expliqua, en un style à la fois simple et onctueux, les vérités de la foi catholique.

Les braves gens ne trouvèrent rien à répliquer, et se retirèrent : « Ce que le Souami nous dit est vrai, pensaient-ils ; mais comment faire ? Nous ne pouvons cependant pas quitter notre caste, notre famille et les traditions de nos ancêtres. » En attendant, ils retournèrent dans leur village et répétèrent aux autres ce qu'ils avaient entendu.

Les jours suivants, de nouvelles visites donnèrent lieu à de nouvelles instructions. Un second mois ne s'était pas écoulé, que quelques païens se sentaient ébranlés. L'un d'eux demanda le baptême, plusieurs autres l'imitèrent.

Des chrétientés se formèrent ; des ouvriers apostoliques, MM. Darras, Fourcade, Millard, etc. continuèrent les travaux de M. Ligeon ; le mouvement s'étendit, développé par la charité des missionnaires durant la grande famine de 1877-1878. Aujourd'hui, 50 ans après le premier baptême que Perieunagayam avait obtenu, on compte une quinzaine de districts et plus de 50.000 catholiques dans cette partie de la mission que l'on appelait alors « la zone noire », parce qu'aucune paroisse catholique ne l'éclairait.

**113. — Conversions dans l'Indo-Chine orientale.**

Dans l'Indo-Chine orientale, des régions entières n'avaient jamais, il y a soixante ans, entendu la parole de vérité. Les unes sont aujourd'hui érigées en Vicariat apostolique, comme le Laos, dont l'évangélisation date de quarante ans et qui possède 13.000 catholiques. Les autres sont parsemées de nombreuses paroisses. Tel, le pays des sauvages habitant les montagnes qui, en Cochinchine, forment la ligne de partage des eaux entre le Mékong et la mer. Bien des missionnaires sont morts dans cette région, emportés par la fièvre des bois : Arnoux, Desgouts, Fontaine, Verdier, Suchet, Besombes, et leur premier supérieur, Combes. Un seul resta debout, Dourisboure, qui a raconté ses misères et enfin sa victoire dans un livre de tous points admirable, *Les Sauvages Bahnars*. Ses successeurs, Vialleton, Guerlach et leurs compagnons, ont moissonné dans l'allégresse ce que leurs prédécesseurs avaient semé dans les larmes. Aujourd'hui, cette partie de la mission de Cochinchine orientale est divisée en 15 districts subdivisés en 115 chrétientés.

En 1879, M<sup>gr</sup> Puginier envoya un missionnaire, M. Fiot, au pays des Chau-Laos, à l'ouest du Tonkin. Six mois après son arrivée, le prêtre vit entrer dans sa cabane un Laotien de la tribu de Na-ham, qui lui exprima le désir d'embrasser le catholicisme. Cet homme lui raconta que, trois ans auparavant, un devin lui avait dit : « Dans quelque temps viendra un prédicateur de la religion ; il sera d'une taille élevée, sa figure sera blanche et légèrement rose, ses doigts seront longs ; il faudra le suivre, parce qu'il enseignera de bonnes choses. » C'était le portrait assez ressemblant de M. Fiot. Cela avait suffi pour attirer cet homme à Dieu. Le missionnaire se rendit à Na-ham, près du vieillard qui avait préparé les cœurs et les esprits à son enseignement ; et quand il mourut, l'année suivante, il avait baptisé 500 personnes et laissait 300 catéchumènes, et 8.000 à 10.000 sauvages qui avaient demandé à être instruits. La persécution de 1883-1885 brisa cette chrétienté naissante, actuellement en voie de résurrection.

Les événements publics ont souvent une influence considérable sur les succès de l'apostolat. Après la conquête du Tonkin par la France, et après l'établissement de notre protectorat sur l'Annam, le nombre des conversions tripla dans ces pays. En quatre ans, de 1886 à 1889 inclusivement, le total des baptêmes d'adultes s'éleva à 17.893 dans la seule mission du Tonkin occidental.

Egalement en quatre ans, de 1890 à 1893, la Cochinchine orientale enregistra 18.908 conversions. Or, il importe de le remarquer : la Cochinchine orientale avait été en grande partie détruite par la persécution de 1883-1885. De 41.000 en 1883, le nombre de ses chrétiens était tombé à 17.000 en 1885 ; 24.000 avaient été massacrés.

Quelle parole et quelle doctrine humaine eussent été

assez puissantes pour produire un pareil accroissement après de tels désastres !

Les missions confiées à la Société des Missions-Etrangères depuis 60 ou 80 ans, ont aussi fait des progrès notables.

**114. — Conversions en Corée et au Japon.** Prenons la mission de Corée, dont l'administration fut donnée à la Société en 1831. Elle n'avait jamais vu de prêtre européen. Son premier évêque, M<sup>gr</sup> Bruguière, mourut sans pouvoir y pénétrer. Le second, M<sup>gr</sup> Imbert, y fut martyrisé deux ans après son arrivée, avec ses missionnaires MM. Maubant et Chastan. Le troisième, M<sup>gr</sup> Ferréol, employa près de six années en courses infructueuses, avant de parvenir à Séoul, la capitale du pays. Le quatrième, M<sup>gr</sup> Berneux, son coadjuteur et sept de ses prêtres furent décapités en 1866. Pendant plus de dix ans la Corée demeura sans pasteur.

Enfin les missionnaires y rentrèrent. Les résultats de leurs travaux d'évangélisation se chiffrèrent, en 1879, par 189 baptêmes d'adultes. En 1883, ils firent une statistique générale des chrétiens, qu'ils trouvèrent au nombre de 12.035. Laissez passer une quinzaine d'années, puis prenez les comptes rendus, et vous y lirez, en 1900, le chiffre de 42.441 fidèles, et en 1917 celui de 87.288.

Les missionnaires ne purent entrer au Japon avant 1858, et les premières années de leur séjour furent désolées par la persécution. En 1875, ils comptaient 15.000 catholiques ; ils en ont aujourd'hui 72.000.

Ces résultats tiennent en une ligne pour celui qui les centralise ; combien plus de peine et de temps ils exigent de ceux qui les obtiennent. Tantôt un missionnaire n'enregistre que 20 ou 25 conversions dans une année, tantôt

200 ; il en est qui sont arrivés à 1.000 ; d'autres, oh ! bien rares, ont dépassé ce nombre. Tous ces chiffres réunis finissent par donner le total que nous admirons.

**115. — Evangélisation par le livre.** A côté de l'évangélisation par la parole, il y a l'évangélisation par le livre. Saint Paul n'a-t-il pas opéré autant de bien par ses épîtres que par ses prédications ? Le livre a même sur la parole l'avantage que les choses y sont traitées plus à fond, et qu'en présence d'un texte, il est plus aisé de réfléchir et de s'éclairer. Souvent même, c'est par le livre, et quelquefois bien loin des missionnaires, que l'attention est d'abord attirée. Un livre catholique... En le lisant, un infidèle, qu'il soit Japonais, Chinois [ou Indien, y fait toujours des découvertes. Il a si fréquemment entendu dire que les catholiques croient des choses déraisonnables, contraires à l'état social de leur pays ou à la science moderne.

Parmi les ouvrages publiés dans les missions, il en existe de particuliers pour les infidèles et les catéchumènes, en annamite, en chinois, en tamoul, etc. D'autres, comme le *Controversial Catechism* de M. Dallet, servent d'arsenal aux missionnaires contre le protestantisme.

**116. — Publications au Japon.** Quoique de fondation récente, nos quatre diocèses du Japon possèdent pour l'évangélisation la bibliographie la plus abondante et la plus importante par les questions traitées. Cela s'explique par l'état du pays, beaucoup plus avancé que les autres contrées d'Extrême-Orient en civilisation européenne. La presse, sous toutes ses formes, volumes, revues, journaux, tracts, s'occupe quotidiennement des choses religieuses, soit du pays même, soit de l'Occident.

En suivant l'opinion et les événements, les missionnaires ont eu l'occasion d'aborder et de traiter un grand nombre de points de religion, de philosophie, d'éducation, de morale, sans parler de leurs études sur la société, la famille, la vie publique. Les plus sérieuses de ces questions ont fourni la matière d'une série de volumes, qui se suivent dans un ordre à peu près logique, depuis la prétendue incompatibilité existant entre le christianisme et la société japonaise, jusqu'à l'exposé complet, quoique abrégé, de la théologie catholique. Un de ces premiers ouvrages, *Religion et Patrie*, souleva une tempête dans les journaux et fut arrêté par la censure, parce qu'il expliquait que l'on pouvait être bon catholique et excellent patriote japonais. L'auteur, M. Ligneul, ne se déconcerta pas. Il reprit son ouvrage, l'augmenta, en distribua les matières dans un autre ordre, et d'un volume en fit deux, chacun avec un nom différent : le premier s'appela : *Aikoku no shinri* (La vérité sur le patriotisme) ; le second : *Shoan no tomoshibi* (Un flambeau dans la nuit). Le public ne les reconnut pas et leur fit le meilleur accueil. En très peu de temps, ils eurent plusieurs éditions.

Ajoutons ce corollaire intéressant. Un docteur ès lettres, qui avait combattu le plus énergiquement *Religion et Patrie*, n'a rien trouvé de mieux que de faire élever ses fils par les Marianistes au collège très catholique de l'Etoile du matin, à Tôkiô.

En 1909, M. Drouart de Lezey commença l'œuvre des tracts, petites brochures de 60 à 80 pages, traitant un sujet d'intérêt actuel connexe aux vérités catholiques. En 1913, cette œuvre avait publié 26 tracts, tirés à 236.000 exemplaires.

Le diocèse de Tôkiô a publié successivement ou simultanément plusieurs revues ; en voici les noms avec les dates de leur début : 1881, *Kokyo bampo* (Les nouvelles catholiques) ; 1885, *Tenshu no Bampei* (Le soldat de Dieu) ; 1889, *Kokyo Zasshi* (La revue catholique) ; 1893, *Ir o-iro* (Variétés) ; 1897, *Yachi-gusa* (Variétés) ; 1898, *Koe* (La voix) ; 1898, *Ten chi jin* (Le ciel, la terre et l'homme), qui chaque mois offrit 100 pages de discussions scientifiques ; 1903, *Tsuzoku shukyodan* (Entretiens familiers sur la religion) ; 1905, *Shin-riso* (Le nouvel idéal), revue de 56 pages qui s'adressait principalement aux étudiants ; *Michi no warabe* (L'enfant chrétien) et *Oshie no sono* (Jardin de la Religion), bulletins écrits plus spécialement pour les enfants.

D'autres revues ont été fondées au Se-tchoan, en Corée, en Cochinchine, aux Indes, en Birmanie ; elles sont rédigées soit en langue du pays, soit en français ou en anglais.

**117. — Statistique générale des conversions.** Et maintenant, si nous jetons un regard d'ensemble sur les résultats de ces travaux, que voyons-nous ? De 1800 à 1900, les conversions se sont élevées au chiffre global de 1.129.236, soit une moyenne de 11.292 par an ; de 1900 à 1917 à 605.891, soit une moyenne annuelle de 35.640.

**118. — Abjurations de protestants.** Les missionnaires ont aussi la joie de ramener des protestants à la vraie foi. Dans une grande partie de l'Extrême-Orient, l'Indo-Chine française exceptée, le protestantisme est fort actif. Il emploie tous les moyens d'action de l'apostolat catholique : collèges, écoles, hôpi-

taux, dispensaires, distributions de livres, prédications ;
il a des missionnaires nombreux et bien rétribués ; en un
mot, il ne néglige rien. Nous nous trompons, « il néglige
la grâce du Saint-Esprit », comme le disait M^{gr} Favier,
et c'est le principal. Il obtient cependant des résultats,
et surtout il entrave l'action des missionnaires catholiques, et jette le scepticisme dans les âmes par la mul-
tiplicité de ses sectes. Chaque année, 400 à 500 de ses
adeptes entrent dans le bercail du véritable Pasteur.

Avant de terminer ce chapitre une remarque s'impose.

**119. — Nombre des catholiques actuels relativement à celui des baptêmes.** En considérant le nombre des catholiques actuellement dans les missions, et celui des baptêmes d'adultes, on constate que le pre-mier devrait être sensiblement plus élevé, eu égard au second, et l'on se demande le sort d'une partie des baptisés. Auraient-ils donc aban-donné la foi ? Nullement. Et voici l'explication du fait que nous étudions et qui, au premier abord, paraît anormal.

La statistique générale annuelle contient le chiffre des
adultes baptisés en santé, et celui des adultes baptisés
au moment de la mort. Or, en 1913, sur 31.903 adultes
baptisés, 8.752 étaient au nombre des derniers ; et en
1917, il y en eut 7.580 sur 29.331 ; c'est donc environ un
quart des baptisés qui disparaissent immédiatement pour
aller recevoir, à la manière du bon larron, la récompense
éternelle. L'expatriation est la seconde raison. Beaucoup
d'Indiens s'en vont à Madagascar, à l'île Bourbon, aux
Antilles ; les Japonais et les Coréens passent aux îles
Hawaï, en Amérique ou en Australie ; les Chinois se
répandent un peu partout où ils se croient sûrs de gagner

leur vie. Cet exode, auquel les missionnaires s'opposent sans grand succès, enlève annuellement plusieurs milliers de catholiques aux missions, pour les porter ailleurs. Ce n'est qu'une perte relative, quoiqu'elle puisse parfois devenir réelle, par l'absence de tout prêtre dans les régions que les expatriés vont habiter, ou par l'indifférence religieuse qui les envahit au milieu des soucis de leurs affaires.

Quoi qu'il en soit, il reste, hélas ! beaucoup de travail.

**120. — Proportion des catholiques et des infidèles.** La proportion du nombre des catholiques à celui des infidèles le montrera avec une évidence attristante :

NOS MISSIONS DE LA CHINE.

| POPULATION TOTALE. | CATHOLIQUES | INFIDÈLES | MOYENNE DES CATHOLIQUES POUR 1.000 HABITANTS. |
|---|---|---|---|
| 129.000.000 | 310.152 | 128.679.848 | 2,4 $^o/_{ooo}$ |

NOS MISSIONS DE L'INDO-CHINE ORIENTALE.

| | | | |
|---|---|---|---|
| 18.700.000 | 682.055 | 18.017.945 | 36,5 $^o/_{ooo}$ |

NOS MISSIONS DE L'INDE.

| | | | |
|---|---|---|---|
| 18.304.147 | 347.520 | 17.956.627 | 19 $^o/_{ooo}$ |

Quelle différence avec la rapidité de la diffusion de l'Evangile aux premiers siècles de l'Eglise ! Pour admirer cette diffusion comme elle le mériterait, il faudrait avoir des statistiques, qui hélas ! manquent totalement ou à peu près. Les textes que l'on allègue sont probants, combien plus le seraient des chiffres ! On a cru trouver

les causes de cette différence dans les contrastes si profonds entre l'Extrême-Orient et l'Occident. Le cardinal
Perraud en cherchait la principale dans la volonté de
Dieu, qui, aux premiers siècles, a répandu par le monde
une effusion plus abondante de l'Esprit-Saint, nécessaire pour asseoir son Eglise sur des bases solides, et qui
aujourd'hui laisse surtout à l'homme l'obligation de travailler au salut du genre humain.

Peut-être, d'ailleurs, pour bien sentir toute la valeur de
nos chiffres, serait-il utile de les comparer avec ceux que
nous fournit l'apostolat catholique, qui travaille en
liberté dans les pays protestants d'Europe : l'Angleterre,
la Suisse, l'Allemagne, la Suède, la Norvège, le Dane-
mark. Nous n'avons pas les éléments précis de cette
comparaison, et en ce moment il nous est impossible de
nous les procurer ; mais, nous savons qu'en Angleterre
et en Ecosse, le chiffre annuel des conversions ne dépasse
pas 12.000[1] ; dans les pays suisses, danois et scandi-
naves, il arrive à quelques centaines ; en Allemagne il
est presque nul.

Dieu semble donc répandre plus abondamment sa lumière sur cet Extrême-Orient, qui n'a point, comme nos
pays d'Occident, écarté et méprisé sa vérité après l'avoir
reçue ; qui l'ignore mais ne le blasphème point ; qui n'a
besoin pour l'adorer que de le mieux connaître, et pour
le mieux connaître que d'avoir un plus grand nombre
de prédicateurs de l'Evangile.

[1] Ce chiffre ne représente pas l'augmentation des catholiques dans
la Grande-Bretagne, car il faut le diminuer du nombre de ceux qui,
principalement par les mariages, embrassent le protestantisme.

X

# LES ŒUVRES D'INSTRUCTION

**121. — Nécessité de l'instruction.** Dans une de ses Instructions datée de 1845, renouvelant les conseils donnés à plusieurs reprises, la Propagande disait : « Rien n'est plus efficace que l'école, pour établir fortement la foi et pour honorer la religion. »

Echo fidèle des recommandations de Rome, le Règlement général de la Société des Missions-Étrangères contient cette prescription : « Il est du devoir des supérieurs de fonder dans leurs missions autant d'écoles chrétiennes que leurs ressources le permettront. » (ART. CVII.)

Ces paroles ont été entendues. Le nombre total des écoles dans les missions de la Société dépasse 5.300. Un gros volume suffirait à peine à en exposer les origines, le développement et le fonctionnement actuel. En voici un faible aperçu :

Les œuvres d'instruction sont demeurées à l'état rudimentaire pendant le XVIII$^e$ siècle et la première partie du XIX$^e$, soit à cause des persécutions ou du manque de ressources, soit à cause du peu d'utilité pratique qu'elles offraient alors. Mais depuis une cinquantaine d'années surtout, les missions d'Extrême-Orient, excepté celles de Chine, se sont remplies d'Européens ; les idées occidentales y pénètrent, et au premier rang celles qui concernent l'instruction. Qu'on déplore ce courant ou qu'on y applaudisse, le fait existe, et il est aussi impossible de le nier que de l'arrêter.

Or, en Extrême-Orient comme en Europe, pour détourner la jeunesse des écoles dangereuses, il a fallu lui ouvrir des écoles catholiques d'un égal degré d'instruction. Les missions ont marché dans cette voie. Quelques-unes ont créé elles-mêmes et dirigent de grandes institutions ; d'autres ont appelé des religieux instituteurs à leur aide. Pour l'éducation des filles, toutes ont trouvé dans les Congrégations françaises des auxiliaires dévouées. En outre, elles ont fondé chez elles des Congrégations de femmes, dont quelques-unes, particulièrement dans l'Inde, sont capables de donner une éducation sérieuse et soignée, soit en français, soit en anglais.

**122. — Institutions scolaires dans l'Inde.** C'est dans l'Inde, en effet, où le mouvement scolaire est le plus intense et le plus ancien, que se sont établies les institutions les plus importantes.

Nos quatre diocèses possèdent cinq établissements très importants : à Bangalore, à Cuddalore, à Pondichéry, à Karikal et à Coïmbatore. Le collège de Saint-Joseph à Bangalore vient en première ligne, par la supériorité des études et l'affiliation à l'université de Madras. Fondé en 1874, il ne s'est développé qu'à partir de 1878, sous la direction de M. Vissac. Ce missionnaire, d'allures modestes, de science profonde, de volonté tenace, trouva 150 élèves ; quatre ans après, il en comptait 500 ; en 1884, on construisit un nouvel établissement sur un plan plus vaste ; mais, en 1898, le nombre des élèves ayant presque doublé, il en fallut reconstruire un troisième.

Le collège se divise en deux sections : l'une réservée aux Européens et aux Eurasiens dont le nombre atteint près de 500 ; l'autre fréquentée par 600 Indiens. On y conduit les élèves jusqu'au *Baccalaureat of Arts* (B. A.), qui est notre licence, en passant par le *First in Arts* et la *Matriculation.*

Saint-Joseph de Cuddalore a été fondé en 1868. Le promoteur du progrès fut M. Tarbès, nommé supérieur en 1875. Il sut acquérir un grand ascendant sur les élèves, et entretenir les meilleures relations avec le directeur de l'instruction publique de la présidence. Chaque année, il était appelé à Madras pour prendre place parmi les examinateurs des collèges. En 1917, la maison comptait, avec son annexe Tiroupapalayour, 1.137 élèves.

Le petit séminaire-collège de Pondichéry a 974 élèves, et celui de Karikal plus de 300. Le nombre des élèves du collège Saint-Michel de Coïmbatore est d'environ 400. Nommons encore le pensionnat de Coonoor, tenu par les Frères irlandais de Saint-Patrick.

Ces collèges ont ouvert leurs portes, avec l'autorisation de la Propagande, et en prenant les mesures de prudence qui ne laissent place à aucun inconvénient, à de nombreux enfants d'infidèles. Ils procurent au catholicisme une influence sociale que, sans eux, il ne pourrait jamais obtenir ; ils lui permettent de faire pénétrer sa doctrine dans un milieu plus élevé, de détruire bien des préjugés et des préventions, et de recruter des adeptes même parmi les brahmes.

D'autres institutions fort inférieures à celles-ci sont tenues par des Indiens catholiques. Beaucoup d'entre elles sont, comme les collèges, reconnues par le gouvernement anglais, qui leur distribue des allocations selon le degré de l'instruction qu'elles donnent, les grades universitaires des professeurs, et les succès des élèves aux examens.

L'instruction est donnée aux filles par neuf Congrégations : quatre de Religieuses européennes : Saint-Joseph de Cluny, Bon-Pasteur d'Angers, Saint-Joseph de Tarbes et Franciscaines Missionnaires de Marie ; cinq de religieuses indiennes : Saint et Immaculé Cœur de Marie, Notre-Dame de Bon-Secours, Saint-Louis de Gonzague, Sainte-Anne, Présentation de la Sainte Vierge. Les programmes officiels sont suivis par les unes comme par les autres. Mais en territoire anglais, les programmes sont plus étendus que dans la colonie française. C'est ainsi que les couvents de Bangalore, d'Ootacamund et de Coonoor enseignent l'anglais, le français, l'allemand, le latin, l'hindoustani, et ont des cours de sciences élevés ; ils conduisent les jeunes filles jusqu'à la *Matriculation*, qui, dans le système d'études anglais, remplace notre baccalauréat. Les religieuses indiennes conquièrent les certificats et les font conquérir à leurs élèves pour les *High school, Middle school* et *Primary*.

Les établissements non reconnus par l'Etat sont de petites écoles élémentaires, où l'on apprend, avec les vérités chrétiennes, la lecture, l'écriture et un peu d'arithmétique et d'histoire.

Collèges, écoles reconnues de tous les degrés, écoles non reconnues, forment dans nos quatre diocèses de l'Inde un total de 341 établissements renfermant **23.248** élèves.

**123. — Ecoles dans l'Indo-Chine occidentale.** Le diocèse de Malacca et la Birmanie, également colonies anglaises, n'ont pas de collèges comme les missions de l'Inde, parce que l'instruction est dans ces pays beaucoup moins développée ; mais ils possèdent des institutions tenues par les Frères des Ecoles chrétiennes, et renfermant près de 6.000 élèves.

Les écoles de filles y sont sous la direction de religieuses françaises : Saint-Enfant Jésus (Dames de Saint-Maur) Bon-Pasteur d'Angers, Saint-Joseph de l'Apparition, et des religieuses indigènes de Saint-François-Xavier.

En Birmanie méridionale, d'après les règlements du Vicariat, tout missionnaire doit avoir, à sa résidence principale, une école de garçons et une école de filles reconnues par le gouvernement, l'une et l'autre avec pensionnat où les enfants des villages environnants reçoivent l'enseignement religieux.

Les professeurs de ces écoles sont formés dans l'école normale de Thonzeh pour les jeunes gens, et dans celle de Bassein pour les jeunes filles.

Les institutions scolaires catholiques du diocèse de Malacca et de nos deux Vicariats de Birmanie sont au nombre de 258 avec 19.976 élèves.

Le collège de Bangkok au Siam est dirigé par les Frères de Saint-Gabriel.


**124. — Ecoles dans l'Indo-Chine orientale.** En Indo-Chine orientale, colonies et pays de protectorat français, les plus importants établissements d'instruction pour les garçons ont été confiés aux Frères des Ecoles chrétiennes, que l'on trouve à Saïgon, à l'institution Taberd, fondée par un missionnaire, M. de Kerlan ; à Mi-tho, à Soc-trang, à Hué, à Hanoï, à Phnom-penh la capitale du Cambodge. Leurs élèves, dont les succès aux examens ont été maintes fois signalés, sont employés par le gouvernement comme interprètes, secrétaires, arpenteurs, etc. Ils possèdent dans le pays une situation prépondérante, et ne pas leur assurer une éducation chrétienne aurait été un malheur irréparable.

Les religieuses de Saint-Paul de Chartres et celles de la Providence de Portieux s'occupent des écoles de filles.

Dans les campagnes, les écoles primaires de garçons ont pour professeurs des catéchistes ou des instituteurs chrétiens, et celles de filles, des Amantes de la Croix. Ces dernières dirigent également des écoles mixtes. Elles ont, dans la mission de Cochinchine occidentale (Saïgon), un programme plus développé qu'ailleurs et qu'elles remplissent bien : il comprend la lecture de l'annamite, du français et du latin ; l'écriture, l'arithmétique, l'arpentage, le plain-chant, la musique, le catéchisme, l'histoire de l'Ancien et du Nouveau Testament, tous les travaux à l'aiguille, la confection des fleurs artificielles, etc.

Grâce à l'initiative d'un missionnaire de grande charité, M. Azémar, il existe dans ce même Vicariat deux écoles pour les sourds-muets : l'une de garçons à Tandinh ; l'autre de filles à Lai-thieu.

Le total des écoles dans nos neuf missions de l'Indo-Chine orientale était, en 1917, de 3.211, fréquentées par 100.446 élèves.

**125. — Ecoles en Chine.** En Chine, les Petits Frères de Marie ont fondé des pensionnats et des écoles dans les provinces du Kouang-si, du Se-tchoan et du Kouang-tong. Seul, le collège du Sacré-Cœur, dirigé dans la ville de Canton par un missionnaire et ayant des Frères pour professeurs, s'est largement développé ; il compte 500 élèves. Les autres établissements ont eu des débuts difficiles et ils ne croissent qu'avec lenteur.

A Canton, une grande école de filles (pensionnat du Saint-Esprit) a été établie par des religieuses canadiennes de l'Immaculée-Conception. Les Sœurs de la Providence de Portieux tiennent des écoles en Mandchourie, ainsi que les Franciscaines Missionnaires de Marie. Ces dernières sont au Se-tchoan et au Thibet ; les Sœurs de Saint-Paul de Chartres au Yun-nan et au Kouang-si.

Les petites écoles primaires ont pour maîtres et maîtresses des catéchistes, des chrétiens, des Vierges chrétiennes qu'institua Mgr de Martiliat, et que réforma M. Moÿe. Ce fut celui-ci qui eut la pensée de faire de ces pieuses filles des institutrices. Il se heurta bien à quelques objections, mais il n'était pas dans sa nature de s'y arrêter ; et si on a pu lui reprocher d'en avoir choisi de trop jeunes, d'insuffisamment instruites, on a suivi son impulsion, en la corrigeant des incertitudes et des défauts du début.

Assurément, les écoles primaires de nos missions de Chine ne donnent pas un savoir considérable à leurs élèves ; mais elles enseignent à lire les livres de religion, à écrire les caractères chinois, et toujours à pratiquer les vertus chrétiennes. Avec l'esprit nouveau qui semble aujourd'hui agiter la Chine, elles ne tarderont pas à élargir leurs programmes.

Nos douze Vicariats apostoliques de Chine comptent, d'après le recensement de 1917, 1.787 écoles avec 35.735 élèves.

**126. — Collèges et pensionnats au Japon.** Le Japon, presque aussi avancé en instruction que nos pays d'Europe, possède des collèges tenus par des Japonais et par des Européens catholiques et protestants.

Les cinq collèges catholiques établis à Tôkiô, Yokohama, Nagasaki, Osaka, Kumamoto, ont tous été fondés par les Marianistes qui, jusqu'à la douloureuse expulsion de 1904, dirigeaient avec tant de succès le collège Stanislas à Paris ; ils ont 2.500 élèves.

Trois ou quatre religieux de la Compagnie de Jésus sont allés, il y a près de dix ans, s'installer à Tôkiô. On a dit et écrit qu'ils avaient l'intention d'y fonder une université catholique. Puisse ce projet réussir un jour. En 1916, l'établissement qu'ils possédaient sous le nom d'école supérieure renfermait 69 élèves, on y enseignait plusieurs langues européennes ; un internat, sorte de maison de famille pour étudiants, y était annexé ; il logeait 42 jeunes gens.

De nombreuses institutions de filles sont l'œuvre des Congrégations dont voici les noms : Saint-Enfant-Jésus (Dames de Saint-Maur), Sacré-Cœur, Saint-Paul de Chartres, Saint-Enfant-Jésus (Chauffailles). Quelques-unes ont fondé des cours pour les jeunes filles nobles, et leur enseignent les langues européennes et les arts d'agrément. Toutes sont soumises aux règlements officiels de l'instruction au Japon.

**127. — Ecoles de catéchistes.** Nous pourrions ranger parmi les institutions d'enseignement les écoles de catéchistes, hommes ou femmes. Leur premier but est évidemment l'instruction religieuse ; mais, outre que cette instruction importe au premier chef, elle est doublée d'une instruction littéraire assez élevée et absolument nécessaire. Les catéchistes, en effet, doivent pouvoir lire et composer les pièces d'un procès, d'un contrat, parler littérature et science.

**128. — Ecoles professionnelles.** Quelques missions possèdent des écoles professionnelles pourvues d'ateliers, où les jeunes indigènes apprennent des métiers : photographie, imprimerie, menuiserie ; dans le diocèse de Pondichéry, pour ne citer que celui-là, l'école professionnelle de Cuddalore a 231 élèves, et celle de Tindivanam 75. Partout ont été annexés aux écoles de filles des ouvroirs, qui enseignent les travaux féminins ordinaires.

**129. — Statistique en 1880, 1900, 1917.** Nous terminerons ce trop rapide exposé des œuvres d'éducation par une statistique comparative des écoles et des élèves en 1880, 1900 et 1917.

| ANNÉES. | ÉCOLES. | ÉLÈVES. |
|---|---|---|
| 1880 . . . . . . | 1.683 | 43.073 |
| 1900 . . . . . . | 2.910 | 93.537 |
| 1917 . . . . . . | 5.322 | 184.093 |

Ainsi, en 37 ans, le nombre des écoles a triplé et celui des élèves a plus que quadruplé. La connaissance de la religion, sa pratique plus régulière chez les chrétiens, son influence grandissante chez les païens, étaient les résultats voulus de cette multiplication des écoles ; ils ont été atteints.

**130. — Imprimeries.** L'instruction exige des livres, d'abord pour être donnée, ensuite pour être conservée et porter tous ses fruits. Les missionnaires les écrivirent. Mais, pendant longtemps ils se contentèrent de manuscrits, que les catéchistes, comme les moines du Moyen âge, copiaient de leur mieux. Ces manuscrits étaient peu nombreux et rarement exempts de fautes. Pour remédier à ce double inconvénient, on s'adressait parfois à des imprimeurs païens ; mais, la prédication évangélique étant interdite, il était nécessaire, pour assurer le secret de l'impression, de payer des prix élevés, et encore l'assurance était-elle fort aléatoire.

8.

La mission du Siam fut la première à monter une petite imprimerie, sous l'épiscopat de Mgr Garnault, à la fin du XVIIIe siècle. L'imprimerie de Pondichéry date de 1845 ; elle eut pour premiers directeurs, en même temps qu'ouvriers, les deux savants missionnaires Dupuis et Mousset. Elle a progressé depuis cette époque, et elle fournit des livres à toutes nos missions de l'Inde. Le Maïssour en posséda une que développa M. Bouteloup, et dont les productions obtinrent une récompense à l'Exposition de Paris en 1867.

Au Tonkin occidental, l'imprimerie fut installée vers le commencement du XIXe siècle. Ayant composé ou revu quelques ouvrages, le Vicaire apostolique, Mgr Longer, les fit imprimer, et remplaça les planches en usage parmi les imprimeurs tonkinois par des caractères isolés et mobiles, que taillèrent et gravèrent ses catéchistes. Cependant, l'usage de se servir de planches persévéra.

Mgr Retord ne craignit pas de faire fonctionner l'imprimerie de Ke-vinh, et même de l'agrandir en pleine persécution. Pour éviter tout ennui au missionnaire, M. Titaud, qu'il appelait son imprimeur en chef, l'évêque donna 1.280 fr. au mandarin de la circonscription. Malheureusement, en 1854, dans la nuit du samedi-saint le feu prit au village, et consuma l'imprimerie, le papier et les planches de 14 ouvrages. Peu après, sous la direction d'un jeune missionnaire, M. Theurel, qui avait appris la typographie avant de quitter la France, une imprimerie selon la méthode européenne s'organisa. L'établissement, actuellement à Ke-so, garde toujours ses deux sections : l'une possède des caractères latins accentués de manière à indiquer la tonalité (quôc ngu) ; l'autre des caractères chinois et annamites mobiles, ainsi que des planches.

Les missions de la Cochinchine occidentale, du Se-tchoan oriental, de la Cochinchine orientale, du Tonkin maritime, possèdent également des imprimeries; les deux premières, datant d'une quarantaine d'années, sont les mieux organisées.

Ces maisons ont publié tous les livres classiques employés dans les écoles primaires, et une véritable bibliothèque ascétique formée des ouvrages de ce genre les plus renommés en Europe, traduits soit par les missionnaires, soit par les prêtres indigènes : *Evangiles, Imitation de Jésus-Christ, Vie des Saints, Perfection chrétienne, Introduction à la Vie dévote, Pensez-y bien, Méditations, Doctrine chrétienne, Mois de Marie, de Saint-Joseph, du Sacré-Cœur, Sermons,* ouvrages de controverse contre les protestants, etc., etc.

Au-dessus de ces imprimeries particulières des missions,

**131. — Imprimerie de Nazareth (Hong-kong).** existe à Hong-kong l'imprimerie de Nazareth, dont M. Monnier a été l'excellent metteur en œuvre. Etablie en 1886 par M. Rousseille, elle possède des machines perfectionnées et tous les types de caractères nécessaires en Extrême-Orient et fondus chez elle. Elle a imprimé et imprime chaque jour des ouvrages en chinois, en annamite, en cambodgien, en thibétain, en lolo, sans parler des livres en latin, français et anglais. De ses presses sont sortis les dictionnaires thibétain, chinois, dioï, lolo, cantonnais, hac-ka, cambodgien, laotien ; la traduction en annamite de la Bible par M. Schlicklin, sans compter un grand nombre de livres de propagande et de spiritualité. C'est l'imprimerie la plus complète de tout l'Extrême-Orient.

## LES ŒUVRES DE CHARITÉ

**132. — But des œuvres de charité.** En répandant l'instruction dans les pays qu'ils évangélisent, les missionnaires ont pour but principal d'attirer et de conduire les âmes à Dieu. C'est encore le mobile qui les a guidés dans la création des œuvres de charité. Naturellement, la charité s'incline vers la faiblesse ; l'homme est faible à toutes les époques de sa vie, mais particulièrement dans l'enfance, dans la maladie et dans la vieillesse. Les missionnaires ont donc établi des orphelinats, pour y recueillir les enfants privés de leurs parents par la mort ou par l'abandon ; des hôpitaux, pour y recevoir les malades, sans rétribution et sans distinction de religion ; des asiles de vieillards, pour permettre aux malheureux de passer leurs derniers jours dans le calme et la paix.

**133. — L'Œuvre de la Sainte-Enfance.** La première de ces œuvres, l'orphelinat avec la recherche et le baptême des enfants païens, forme cette admirable Œuvre de la Sainte-Enfance, qui contribue si puissamment à peupler le ciel d'élus.

Dès les origines de la Société, la recherche des enfants abandonnés ou très malades tint grandement au cœur des ouvriers apostoliques. En 1664, les *Monita* la recommandent.

Quand M^gr Lambert de La Motte fonda l'Institut des Amantes de la Croix, il lui fixa comme un de ses buts principaux de baptiser les enfants.

On raconte qu'au Siam, en 1680, M. Ferreux et M. de Lionne, le fils du ministre de Louis XIV, partaient à 4 heures du matin et ne rentraient que le soir, après avoir passé toute la journée à rechercher et à baptiser les enfants moribonds.

Au XVIII^e siècle, la mission du Se-tchoan se mit au premier rang par la multitude des enfants qu'elle régénéra, grâce à l'initiative de M. Moÿe, et aussi, pendant plusieurs années, par suite de la mortalité qu'engendrèrent la famine et la peste. C'est ainsi qu'elle enregistra 30.000 baptêmes d'enfants de païens en 1779, 14.939 en 1780, et 21.000 en 1781.

M. Moÿe rédigea un *Avis aux âmes charitables d'Europe*, afin de provoquer des secours, et par là multiplier les baptiseurs et les baptiseuses. C'est le premier appel général, du moins à notre connaissance, qui ait été adressé aux fidèles d'Europe.

Cet appel fut renouvelé, dans des proportions plus grandes et avec beaucoup plus de succès, par l'Œuvre de la Sainte-Enfance fondée en 1842-1843. Depuis cette époque, dans toutes les missions, le nombre des baptêmes d'enfants de païens augmenta notablement.

Au Se-tchoan, M^gr Pérocheau chargea quatre prêtres, fixés dans les quatre parties principales de son Vicariat, de diriger les baptiseurs et les baptiseuses. Au Kouy-tcheou, M^gr Albrand installa des pharmacies, qui gratuitement donnèrent des consultations et des remèdes aux enfants. En Cochinchine, M^gr Cuenot engagea les Amantes de la Croix à redoubler de zèle pour cette œuvre, et, malgré la persécution, leur fit installer des orphelinats près de chacun de leurs couvents. Au Tonkin, M$^{gr}$ Retord stimula les prêtres annamites par cette sanction : « A dater de cette année (1850), tout curé qui, dans sa paroisse, n'aura pas baptisé au moins 200 enfants d'infidèles, sera mis à l'amende, et paiera autant de fois 5 tien (environ 0 fr. 50), qu'il lui manquera de baptêmes d'enfants pour parfaire le nombre de 200. Il donnera cet argent à la Communauté, ou bien cé'ébrera des messes pour un chiffre d'honoraires égal à la somme qu'il devra. »

La récapitulation des baptêmes d'enfants donne des chiffres extrêmement élevés : de 1800 à 1900, le total est de 17.106.987 ; et de 1901 à 1917, il monte à 2.217.393.

Dans toutes les missions également, se fondèrent des orphelinats tenus par des missionnaires ou par des catéchistes pour les garçons ; par des religieuses européennes ou indigènes pour les filles ou pour les enfants des deux sexes. Aux premiers sont annexés des ateliers, des fermes; aux seconds, des ouvroirs. Les orphelinats agricoles se développent parfois jusqu'à former des villages chrétiens.

Actuellement, en comptant tous les établissements qui s'occupent des enfants, et sont désignés sous le nom de crèches, orphelinats, ouvroirs, ateliers, nous arrivons aux chiffres suivants :

| NOS MISSIONS. | ÉTABLISSEMENTS. | ENFANTS. |
|---|---|---|
| Inde. , . . . . . . . . . | 52 | 2.397 |
| Indo-Chine occidentale . . . | 103 | 3.965 |
| Indo-Chine orientale . . . . | 177 | 12.303 |
| Chine . . . . . . . . | 110 | 4.054 |
| Japon et Corée . . . . . | 37 | 1.906 |
| Total . . . . . . | 479 | 24.625 |

Les prêtres, les religieuses françaises, les religieuses indigènes, les catéchistes, les pauvres femmes chinoises et annamites, ont entendu, compris, et, s'il est permis de parler ainsi, plus que réalisé les touchantes paroles de Notre-Seigneur : « *Laissez venir à moi les petits enfants.* » Non seulement ils les ont laissés aller au divin Maître, ils les ont cherchés pour les lui conduire.

Le monde païen a fini par admirer cette œuvre qu'il décria pendant si longtemps. De quelles odieuses calomnies ne la couvrit-il pas ! Les prêtres étrangers et les chrétiens arrachaient les yeux des enfants pour en composer des philtres, et prenaient leur sang pour en fabriquer des remèdes, telles étaient les imputations les plus ordinaires. Or, actuellement, certains orphelinats de Chine sont aidés par des mandarins ; et, en 1915, au Japon, à l'occasion de la visite de l'empereur à Osaka, les œuvres de la Sainte-Enfance furent examinées et étudiées, et quelques jours plus tard, les directeurs et les directrices des orphelinats, appelés à la préfecture, reçurent des félicitations et un secours de la part du souverain.

**134. — Hôpitaux. Hospices. Pharmacies. Dispensaires.** Des enfants aux malades, aux infirmes et aux mourants ; des orphelinats aux hôpitaux, la distance n'est pas longue, et, le serait-elle, que la charité saurait la franchir rapidement. Elle a donc fondé et elle dessert de nombreux hôpitaux. Nous trouvons, dès 1675, des hôpitaux établis au Siam par M. Langlois, qui dix ans plus tard en installa deux autres près de Hué en Cochinchine. Mais c'est dans la seconde partie du XIXe siècle surtout, que, grâce à l'augmentation des ressources, la création des maisons pour les malades et pour les malheureux a pris un essor considérable.

La plupart de ces établissements ont été construits par les missionnaires, à leurs frais ou aux frais de la mission. Ce sont les missionnaires qui ont édifié les hôpitaux indigènes de la Chine, du Cambodge, de la Cochinchine, du Tonkin, du Se-tchoan oriental à Tchong-kin, et du Se-tchoan occidental à Tchen-tou ; ce dernier peut contenir 400 malades.

Les bâtiments achevés, les religieuses de Saint-Paul de Chartres, de la Providence de Portieux, les Franciscaines Missionnaires de Marie sont allées y porter leur infatigable dévouement, leur esprit d'ordre et d'organisation.

Dans des hôpitaux moins importants, les missionnaires ont placé et dirigent des religieuses annamites ou indiennes ; tels sont ceux de Settihally au Maïssour, de Caimong en Cochinchine occidentale, de Phong-y au Tonkin maritime. Quelques-uns de ces hôpitaux reçoivent la visite régulière de médecins européens, qui soignent le malades uniquement par dévouement.

Mentionnons les hospices, différents des hôpitaux en ce qu'ils ne reçoivent que des incurables, et les asiles de vieillards qui, au Se-tchoan et dans les missions voisines, ressemblent presque à une cité ou à un établissement de petits ménages. Les malheureux, que les missionnaires y accueillent, ont leur maison particulière qu'ils peuvent habiter avec leur femme et leurs enfants.

A Bangalore dans le Maïssour, à Rangoon en Birmanie, à Canton en Chine, les Petites Sœurs des Pauvres sont allées depuis quelques années dépenser envers les vieillards leur générosité, qui là-bas, comme en notre monde occidental, excite l'admiration de tous.

Citons encore les pharmacies, tenues dans un grand nombre de villes de Chine par des médecins chrétiens chargés de distribuer gratuitement des ordonnances et des remèdes, et souvent d'aider à la fondation de paroisses. Le Kouy-tcheou en possède 76, le Se-tchoan oriental 77, le Se-tchoan méridional 86.

Les dispensaires ont une clientèle extraordinaire. En deux ans, dans le seul dispensaire de Tindivanam, au diocèse de Pondichéry, les Sœurs de Saint-Joseph de Cluny ont soigné 106.556 malades. Un dispensaire au Tonkin, tenu par les Sœurs de Saint-Paul de Chartres, en a reçu 65.385 en une année. A Ta-tsien-lou, dans le Thibet, les Franciscaines Missionnaires de Marie ont, en 1913, donné des remèdes et des soins à 30.250 malades, et en 1917 à 21.726. La même affluence se produit dans toutes les missions où ces dispensaires fonctionnent.

En certaines régions, les religieuses visitent les malades à domicile, et ces visites se comptent par milliers.

**135. — Léproseries pendant les persécutions.** Les léproseries, dont on parle beaucoup depuis un certain nombre d'années, datent de longtemps dans nos missions. Au XVIIIe siècle, nous trouvons Mgr Pottier recueillant des lépreux dans une maison des faubourgs de Tchen-tou, et les faisant soigner par des catéchistes. En pleine persécution, au Tonkin, Mgr Retord avait fait bâtir près de Ke-vinh, sa résidence ordinaire, une vingtaine de paillotes, dans lesquelles il logeait et nourrissait environ 70 lépreux catholiques ou bouddhistes. Ayant eu quelques relations épistolaires avec le vice-roi du Tonkin, il en profita pour appeler son attention sur cette léproserie, et le haut mandarin lui obtint du gouvernement de Tu-duc une allocation mensuelle de 3 fr. par lépreux, soit 2.500 fr. par an. Ainsi, le budget du persécuteur pensionnait un établissement créé et soutenu par un évêque catholique et proscrit. Il est vrai que le vice-roi n'avait parlé que d'une œuvre philanthropique, sans nommer son fondateur...

Des léproseries existent toujours au Tonkin ; elles se sont augmentées depuis les jours déjà lointains de l'empereur Tu-duc et de l'évêque d'Acanthe.

Le Japon a deux léproseries catholiques : à Gotemba

**136. — Léproseries au Japon.** et à Biwasaki ; la première a été fondée en 1889 par M. Testevuide. Ce missionnaire avait souvent rencontré, dans ses courses apostoliques, de pauvres lépreux abandonnés et menant la vie vagabonde des mendiants. Un jour, on l'appela de la part d'une lépreuse, reléguée dans un misérable réduit qu'on lui avait ménagé au-dessus de la roue d'un moulin. Pour lit, elle avait quelques morceaux de bois brut recouverts de vieux sacs de paille ; pour vêtements des haillons sordides, pour nourriture quotidienne une tasse de riz. Plusieurs fois, cette malheureuse avait eu l'idée d'en finir avec la vie, en se laissant glisser dans le ruisseau. Lorsqu'elle entendit parler du christianisme, elle crut entrevoir dans cette religion une source de consolations ; dans ses ministres des hommes de charité. Ses pressentiments ne la trompèrent pas. M. Testevuide alla la voir, la soigna, l'instruisit, et c'est alors qu'il eut la pensée de fonder une maison pouvant recevoir les victimes de l'horrible maladie.

Le supérieur du Séminaire des Missions-Étrangères, M. Delpech, auquel il exposa son projet, lui envoya une petite somme d'argent, et, quelques jours après l'avoir reçue, le missionnaire acheta à Gotemba une maison japonaise et y logea six lépreux.

Bientôt la maison fut trop petite, et l'œuvre fut transférée à Koyama, village situé à deux lieues de distance, au pied du versant occidental des montagnes de Hakone ; mais elle a conservé le nom de léproserie de Gotemba.

Au mois de juin 1889, le terrain était acheté, l'autorisation obtenue, une partie de l'établissement en pleine construction. Le total des recettes au 29 juin 1889 était de 1.165 yen, et, toutes les dépenses payées, il restait en caisse 1 yen 73 sen, ce qui à cette époque représentait 7 francs.

Heureusement, M. Testevuide avait l'âme d'un fondateur ; il ne se découragea pas et l'avenir lui donna raison. Des secours venus d'Europe lui permirent, en 1890, de nourrir une trentaine de lépreux.

L'année suivante, le 3 août 1891, il mourait. Il eut dans M. Vigroux un habile continuateur de son œuvre qui fut agrandie et affermie, et, le 22 juin 1901, obtint la personnalité civile. Aujourd'hui, la léproserie de Gotemba hospitalise une centaine d'hommes et de femmes.

**137. — Léproseries en Birmanie, en Chine.** Des léproseries existent également en Birmanie méridionale et en Birmanie septentrionale. Dans cette dernière mission, la léproserie est située près de Mandalay. Elle a été fondée par un missionnaire, M. Wehinger, surnommé le « quêteur des rois », parce qu'il avait su intéresser à son œuvre le roi d'Angleterre et les empereurs d'Allemagne et d'Autriche.

La maison est désignée sous le nom d'asile Saint-Jean. Les bâtiments comprennent 7 pavillons abritant 350 malades, un couvent habité par 20 religieuses Franciscaines Missionnaires de Marie et leurs novices, une résidence pour le médecin ,un laboratoire, une habitation pour l'aumônier qui est en même temps le directeur de l'asile, et une chapelle. Au double point de vue de la disposition et de l'hygiène, cet établissement peut être considéré comme un modèle. Vivant, M. Wehinger avait été remercié, loué, décoré par le gouvernement anglais. Quand il mourut en 1903, l'Hôtel de ville de Mandalay fut fermé en signe de deuil.

Les missions de l'Inde ont également installé des léproseries. En Chine, la mission du Kouang-tong est chargée de deux léproseries fixées dans des îles du Tongkiang (fleuve de l'Est); en 1914, celle des hommes comptait 750 malades soignés par des missionnaires, et celle des femmes 200 confiées à des religieuses canadiennes de l'Immaculée-Conception.

Les moins malades des hospitalisés aident les autres, travaillent au jardin, fabriquent des nattes, font du charbon, etc. ; en un mot, ils utilisent leur vie autant que le permettent leurs infirmités.

On a cherché avec persévérance le moyen de guérir la terrible maladie ; et si on ne l'a pas encore découvert, au moins a-t-on trouvé des remèdes qui l'atténuent. Le meilleur actuellement connu est l'huile de Chaulmougra, extraite du *gnocardia odorata*, et que l'on emploie en injections hypodermiques.

**138. — Vaccination et autres œuvres.** Une autre œuvre de la charité des missionnaires est la vaccination. A la fin du XVIIIe siècle, M. Dubois, au Maïssour, détermina nombre d'Indiens à accepter le vaccin ; il apporta même un tel zèle à le propager, que la Compagnie des Indes l'en récompensa par une pension annuelle de 2.000 francs. Ce fut un missionnaire, M. A. Castex, qui, le premier et quoiqu'en pleine persécution, en 1845, employa le vaccin au Tonkin. Il y a quelques années, dans les régions sauvages de l'Annam, des missionnaires, M. Guerlach en tête, ont vacciné des milliers de personnes.

Que de choses nous aurions à ajouter ! Contentons-nous de citer les œuvres des refuges, des mariages, de la maternité, des veuves, des mendiants, de la bonne mort, des secours mutuels, dont les noms indiquent le but.

**139. — Conversions par les œuvres de charité.** Pour arriver pleinement à sa fin, la charité chrétienne doit ajouter le don de Dieu au don de soi ; c'est le principal, pour ne pas dire l'unique motif des écoles, des collèges, des prédications, des compositions d'ouvrages, et aussi des hôpitaux, des hospices, des léproseries, de toutes les bonnes œuvres : donner Dieu aux âmes. Cette fin est obtenue. Chaque année, les 682 établissements charitables des missions enregistrent de 7.000 à 9.000 conversions. En 1917, le chiffre a été de 7.580.

C'est ainsi que ces pauvres gens, après avoir vécu loin de Dieu, en jouissent pendant toute l'éternité ; ouvriers du dernier moment, ils reçoivent la récompense des premiers travailleurs.

A ceux qui guérissent et sortent de l'hôpital en gardant leurs habitudes et leurs croyances païennes, on dit, comme ce bon P. J.-M. Pottier, missionnaire du Coïmbatour, aux misérables qu'il secourait : « Quand tu seras plus malheureux et plus malade, reviens ici, tu seras nourri, soigné, dorloté, et aussi… enterré, et le bon Dieu te donnera le bonheur sans fin. »

En dehors de ceux qui acceptent la vraie foi dans la maison même où ils ont été reçus, combien d'autres ont trouvé leur chemin de Damas dans le spectacle du dévouement catholique, d'abord incompréhensible et suspect, et peu à peu compris et admiré! Combien de païens, rebelles aux meilleurs raisonnements, sont convertis par le spectacle d'un prêtre ou d'une religieuse soignant des infirmes et des malades !

Un missionnaire d'Annam racontait qu'un jour un vieillard, le voyant aider et consoler un malade, ne put retenir son admiration, et lui dit : « Oh, Père ! laissez-moi baiser votre visage. » Et il l'embrassa. Ceux qui savent combien le baiser est en dehors des usages annamites comprendront toute l'admiration, le respect, l'adoration au sens antique, que renfermait cet acte, qui fût suivi de la conversion au catholicisme du vieillard et de toute sa famille

## XII

## SERVICES SCIENTIFIQUES

**140. — Mesure et raison des services scientifiques.** Il serait aussi inexact de prétendre que la Société des Missions-Étrangères a rendu d'éclatants services à la science, que d'affirmer qu'elle n'a rien fait pour elle. Ses prêtres sont avant tout des apôtres, le but de leur vie est de conquérir des âmes et de les conduire à Dieu.

Cependant, au cours de leur carrière, par suite des circonstances ou grâce à des aptitudes spéciales, même en voulant strictement se renfermer dans leur rôle de missionnaire, ils ont été amenés à rendre des services d'ordre scientifique.

**141. — Histoire.** En histoire, ils ont fait connaître des annales inédites, en même temps qu'ils répandaient la connaissance des travaux apostoliques, c'est-à-dire qu'ils ont continué à écrire l'histoire de l'Eglise catholique à travers le monde. Cette histoire ne tient peut-être pas la première place dans les préoccupations de la science : on doit le regretter ; mais ne la devrait-elle pas au moins occuper dans l'esprit des chrétiens ? Sans elle, en effet, que saurions-nous des rapports de Dieu avec le monde, de la vie de Notre-Seigneur et de celle des Saints, de tout ce que fait et pense la meilleure partie de l'humanité ?

Nous allons indiquer quelques-uns des plus importants ouvrages historiques, car nous ne pouvons entrer, nos lecteurs le comprennent, dans une énumération complète, et encore moins dans l'indication, même sommaire, des biographies, des articles et des lettres publiés dans les *Lettres Edifiantes*, les *Annales de la Propagation de la Foi*, les *Annales de la Société des Missions-Etrangères*, les *Missions Catholiques*, les *Bulletins* et les *Revues*.

La première publication de la Société des Missions-Etrangères est la *Relation du voyage de M^{gr} l'evesque de Béryte par la Turquie, la Perse, les Indes, jusqu'au royaume de Siam et autres lieux*, rédigée par M. de Bourges, imprimée en 1666, et traduite en hollandais et en allemand. D'autres *Relations* suivirent, racontant principalement les travaux des missionnaires ; elles sont datées de 1666-1672, 1672-1675, 1676-1677, 1678.

Elles furent résumées par l'*Histoire de l'établissement du Christianisme dans les Indes Orientales*, due probablement à M. de Montigny, un des directeurs du Séminaire des Missions-Etrangères de 1711 à 1742. Interrompues pendant un certain temps, elles furent reprises en 1784, et continuées jusqu'en 1823 par la collection, en 8 volumes, des *Nouvelles Lettres Edifiantes*.

Une brève histoire de la Société, intitulée *Lettres sur la Congrégation des Missions-Etrangères*, fut composée en 1842 par M. Luquet, le futur évêque d'Hésebon, qui devait, pendant les dernières années de sa vie, écrire de nombreux volumes d'hagiographie et de spiritualité. L'*Histoire générale de la Société* fut publiée pour la première fois en 1894 ; elle a pour auteur M. Adr. Launay, qui l'a fait suivre d'ouvrages très documentés : *Histoire des Missions de l'Inde, du Thibet, du Kouang-si, du Kouy-tcheou, du Kouang-tong, du Siam*, avec cartes et plans; du *Mémorial de la Société des Missions-Etrangères*; de plusieurs volumes sur les martyrs d'Extrême-Orient ; des *Lettres de Mgr Pallu*, le principal fondateur de la Société des Missions-Etrangères ; du *Journal d'A. Ly*, composé en latin par un prêtre indigène du Se-tchoan.

M. Dallet publia, en 1874, grâce aux manuscrits de Mgr Daveluy, l'*Histoire de l'Eglise de Corée*, avec une savante introduction ; M. Louvet, en 1885, *La Cochinchine religieuse*, et, en 1894, *Les Missions catholiques au XIXᵉ siècle* ; M. Steichen nous a donné, en 1905, *Les Daimyo chrétiens, 1549-1650*.

Dans l'histoire profane, nous devons citer l'ouvrage célèbre de Mgr Bigandet, *Vie ou Légende de Gaudama*, qui a été plusieurs fois réédité en anglais ; l'ouvrage de Mgr Laouënan : *Du Brahmanisme et de ses rapports avec le Judaïsme et le Christianisme*, qui a jeté un jour nouveau sur des questions importantes et longtemps controversées ; l'*Histoire de la dynastie des Ming*, par M. Delamarre ; les traductions par M. F.-J. Schmitt d'inscriptions anciennes composées en pâli, en khmêr, en siamois.

M. Cadière a publié *Une première étude sur les sources annamites de l'Histoire d'Annam*, *Tableau chronologique des Dynasties annamites*, *Le mur de Dong-hoi*, *Etude sur l'établissement des Nguyen en Cochinchine*, de nombreux travaux très estimés ; et M. L. Balet *Histoire ancienne du Japon*.

**142. — Géographie.** En géographie, les missionnaires avaient signalé, dès le XVIIIᵉ siècle, la voie du Fleuve Rouge pour pénétrer en Chine; on trouve ces indications particulièrement dans les lettres de Mgr Néez, de M. Le Pavec, et de ceux qui suivirent cette route, comme M. Fontana en 1812, et Mgr Pérocheau en

1819. Les premiers, ils ont exploré les régions sauvages ou les pays fermés aux Européens, et en ont fait la description.

La *Carte du royaume d'Annam* par Mgr Taberd, et celle du *royaume de Siam* par Mgr Pallegoix ont précédé de beaucoup les travaux faits par nos explorateurs et nos officiers. Le *Cours du Meinam* par M. E. Lombard, les travaux topographiques de M. Desgodins au Thibet, de M. Roux au Se-tchoan, de M. Bousquet au Kouy-tcheou, ont une haute valeur, reconnue par la Société de Géographie. Les cartes très détaillées de plusieurs provinces du Tonkin, par M. Ravier, ont servi à notre corps expéditionnaire en Indo-Chine. De nombreuses cartes de missions, Inde, Chine, Japon, Indo-Chine, le *Planisphère de la Hiérarchie catholique* ont été publiés par M. Adr. Launay.

**143. — Lexicographie.** L'étude des langues a amené les ouvriers apostoliques à composer des dictionnaires et des grammaires de la plus grande utilité pour la cause de l'évangélisation, et aussi pour l'avancement de la philologie.

Voici les dictionnaires publiés sur les langues du sud de l'Inde :

Par MM. Dupuis et Mousset : *Dictionnaire latin-français-tamoul*, 1846, in-8, pp. x-1430 ; *Vocabulaire français-tamoul*, 1850, in-8, pp. 420 ; *Dictionnaire tamoul-français*, 1865, 2 volumes in-8, pp. xxxii-932 et xx-1113 ; *Dictionnaire français-tamoul*, 1875, in-8, pp. 1230 ; par Mgr Charbonnaux, Vicaire apostolique du Maïssour : *Dictionnaire latin-canara*, 1861, in-8, pp. xx-1193 ; par M. Bouteloup, de la même mission : *Dictionnaire canara-latin*, 1855, in-8, pp. 1008.

La Presqu'île de Malacca eut pendant longtemps un

missionnaire, M. Favre, qui devait devenir professeur à l'École des Langues orientales vivantes, et publier les dictionnaires : *Javanais-français*, 1870, in-8, pp. VIII-544 ; *Malais-français*, 1875, 2 volumes in-8, pp. XXVI-916, 879 à 2 colonnes ; *Français-malais*, 1880, 2 volumes in-8, pp. XVIII-981, 915 à 2 colonnes.

Le *Dictionnaire siamois-latin-français-anglais* de M<sup>gr</sup> Pallegoix, Vicaire apostolique du Siam, date de 1854; c'est un volume in-4, de pp. 897 ; il a été revu, augmenté, et réimprimé par M<sup>gr</sup> Vey en 1896, in-4, pp. 1164.

Au risque de faire ressembler nos pages à un catalogue, nous allons donner la liste, en suivant l'ordre chronologique de leur publication, des dictionnaires dus aux missionnaires de l'Indo-Chine orientale :

1838, *Annamite-latin*, in-4, pp. XLVI-850, composé par M<sup>gr</sup> Pigneau de Béhaine, et publié par M<sup>gr</sup> Taberd ;

1838, *Latin-annamite*, in-4, pp. LXXXVII-708 à 3 colonnes, par M<sup>gr</sup> Taberd ;

1877, *Annamite-français*, in-8, pp. XVI-916, par M<sup>gr</sup> Caspar ;

1877, *Annamite-latin*, in-4, pp. XXX-637, par M<sup>gr</sup> Theurel ;

1880, *Latin-annamite*, in-4, pp. XII-1342, par M. Ravier ;

1886, *Stieng-français*, in-8, pp. III-133, par M. Azémar ;

1889, *Bahnar-français*, in-12, pp. XIV-263, par M. Dourisboure ;

1898, *Annamite-français*, in-4, pp. 987 à 2 colonnes, par M. Génibrel ;

1902, *Cambodgien-français*, in-4, pp. 432, par M. J.-B. Bernard ;

1903, *Franco-annamite*, in-8, pp. 540, par MM. Bon et Dronet.

1904, *Français-laocien*, in-8, pp. LXXV-490, par M<sup>gr</sup> Cuaz;
1908, *Annamite-français*, in-8, pp. 400, par M. A. Pilon ;
1910, *Tay-annamite-français*, in-4, pp. xv-488, par M. Savina ;

1910-1911, *Français-cambodgien*, 2 volumes in-4, pp. 1.104, 1.135, 2 colonnes, par M. Tandart ;

1912, *Laocien-français*, in-4, pp. 960, par M. Guignard.

Sans être aussi riche, la lexicographie, dans les missions de Chine, n'est pas à dédaigner ; elle nous offre les dictionnaires : *Français-latin-chinois*, de M. Perny ; *Chinois-français* (dialecte Hak-ka), de M. Ch. Rey ; *Français-cantonnais*, de M. Aubazac ; *Français-chinois* (langue mandarine), et *Chinois-français*, de M. Gatzelu; *Chinois-français* (langue mandarine), des missionnaires du Setchoan méridional ; *Lolo-français*, de M. Vial ; *Dioï-français*, de MM. Esquirol et Williatte ; *Ahi-français*, de M. Liétard.

Les missionnaires de la Corée ont publié un *Dictionnaire coréen-latin-français* ; les missionnaires du Thibet le *Dictionnaire thibétain-latin-français*, commencé par M. Renou dans la lamaserie de Tchamouto.

Au Japon, enfin, un *Dictionnaire japonais-français* in-4, pp. VIII-1008, est l'œuvre de M. Lemaréchal ; et un autre, *Français-japonais*, in-4, pp. LXXVIII-1184, a été composé par M. Raguet.

Nous n'oserions, après cette trop longue énumération, parler des grammaires, des cours de langue, des manuels en bien plus grand nombre.

Les études sur les traditions, les mœurs et les cou-

**144. — Mœurs et coutumes.** tumes, ont comme la linguistique une utilité apostolique et scientifique. En découvrant la mentalité des peuples évangélisés, elles enseignent aux missionnaires la conduite à tenir envers eux, et augmentent les connaissances générales des savants sur l'humanité. Elles sont représentées par les *Mœurs, institutions et cérémonies des peuples de l'Inde*, fruit des longues études de M. Dubois, éditées et rééditées en anglais, en français, en espagnol ; *Le royaume Thai*, par Mgr Pallegoix ; *La Presqu'île de Malacca, les Malais et les sauvages*, de M. H. Dumoulin-Borie ; les *Cham-Bani*, de M. Eug. Durand, qui ont ouvert une voie jusqu'à ce jour peu explorée.

Les Relations de MM. Dourisboure, Guerlach, Kemlin, sur la vie des sauvages Bahnars, Reungao et autres, et les pages d'une psychologie pénétrante écrites par M. J.-B. Clair sur les Annamites, ont un rang à part.

L'Histoire naturelle a attiré l'attention de plusieurs missionnaires, d'autant mieux qu'assez souvent ils y ont trouvé une source de petits revenus pour leurs chrétiens, dont les cueillettes sont rémunérées par les collectionneurs fortunés et par les établissements scientifiques.

**145. — Histoire naturelle.**

De 1845 à 1860, Mgr Albrand au Kouy-tcheou, MM. Bertrand au Se-tchoan, Larnaudie au Siam, Furet au Japon, expédièrent au Muséum d'Histoire naturelle de Paris, qui les nomma membres correspondants, des plantes, des oiseaux, des poissons, des vers à soie de chêne, etc.

Les missionnaires du Tonkin ont enrichi notre pharmacopée du *Hoang-nan*, que l'on emploie contre la rage et contre la lèpre. M. Bon fut, parmi eux, un botaniste distingué. Mgr Puginier écrivit un savant mémoire sur les diverses essences forestières du pays, dont il envoya des échantillons à l'Exposition de 1900.

Par les soins de Mgr Biet, de MM. Dejean, Soulié, Genestier, Mussot, Dubernard, le Muséum d'Histoire naturelle de Paris s'est enrichi de plus de 600 peaux de quadrupèdes des régions thibétaines. De 1892 à 1895 seulement, ses collections reçurent, des missionnaires, 1.150 peaux d'oiseaux et 190 dépouilles de mammifères ; en 1901, ce chiffre s'était élevé à 2.000.

C'est grâce à M<sup>gr</sup> Biet que notre Muséum possède des spécimens vivants et un grand nombre d'animaux empaillés, qu'on chercherait en vain dans les plus riches collections étrangères.

Parmi les animaux vivants, nous pouvons citer une nouvelle espèce de *Colombe* du Thibet ; une paire de *Lophophores* (*Lophophorus Lhuysii*), deux paires de *Crossoptilons*, deux paires de *Faisans de Lady Amherst*.

Un très grand nombre de collections de lépidoptères et de coléoptères furent également constituées par les missionnaires du Thibet. Un collectionneur de mérite, M. Charles Oberthur, pouvait écrire en juin 1902 : « Actuellement nous possédons des documents nombreux, fruits de laborieuses recherches, alors qu'il y a une trentaine d'années, les productions naturelles du haut Yangtse restaient encore insoupçonnées. Certes, bien des volontés s'y sont employées, mais nous ne nous lasserons jamais de publier, et nul ne pourra contester, que les missionnaires catholiques ont ouvert la voie. Avant leurs explorations, personne ne savait ce qu'étaient la faune et la flore du centre de l'Asie. »

M. Desgodins, dont nous avons déjà parlé, s'est fait connaître dans le monde scientifique par de nombreuses études, parmi lesquelles nous indiquerons, comme se rapportant spécialement à notre sujet, un travail publié en 1873, par la Société d'Acclimatation de Paris, sous le titre de *Zoologie et Ornithologie du Thibet* ; des observations du 14 octobre 1872, insérées dans le Bulletin de la

Société de Géographie, sur la *Végétation des sommets au nord de Yerkalo* ; des *Notes géologiques de Yerkalo à Bathang* datées du 15 janvier 1873.

De 1863 à 1896, M. Delavay, missionnaire au Kouang-tong et au Yun-nan, a envoyé au Muséum plus de 9.300 numéros représentant au moins 3.500 espèces de plantes, dont 2.500 nouvelles pour la Chine, et 1.800 entièrement nouvelles. Trois fascicules des *Plantæ Delavayanæ*, édités par les soins du Muséum, parus en 1889, énumèrent jusqu'aux saxifragées les plantes du Yun-nan envoyées par lui ; le reste a fait l'objet de notes et de mémoires disséminés dans divers recueils.

Les missionnaires du Kouy-tcheou, M. Bodinier en tête, M. U. Faurie, de la mission de Hakodaté au Japon, ont expédié en France, en Suisse, en Amérique, de nombreuses plantes, représentant des espèces encore inconnues des botanistes.

« Ces explorations accomplies par les missionnaires, a écrit M. H. Hua, ont amené des résultats qui n'ont d'analogues nulle part. Elles ont montré la richesse de l'Asie orientale en formes végétales, parmi lesquelles les genres *Rhododendron*, *Primula*, *Gentiana* et *Pedicularis* forment presque 50 % du total. Le nombre des espèces particulières à la Chine est extraordinairement considérable par rapport au nombre total des espèces connues. Pour le genre *Lis*, 14 espèces nouvelles de la Chine et du Thibet ont été, en 1892, ajoutées aux 10 espèces précédemment connues pour ces régions ; pour les *Adonis vivaces*, 5 espèces sur 14 sont spéciales à la Chine occidentale ; parmi les *Ombellifères*, 48 espèces nouvelles sur 150 ont été trouvées à Ta-li seulement ; 120 *Carex* nouveaux sur 700, 60 *Primula*, 80 *Rhododendron*, prouvent l'infinie variété de cette flore chinoise si peu connue avant ces investigations.

« Un résultat de la plus haute portée scientifique est l'assurance acquise, grâce aux collections de ces missionnaires, que la plupart des espèces alpines isolées sont des représentants appauvris de genres richement représentés dans les montagnes de l'Asie orientale. »

**146. — Récompenses honorifiques.** Un certain nombre d'ouvrages publiés par les missionnaires ont été couronnés par l'Académie Française, par l'Académie des Sciences morales et politiques, par l'Académie des Inscriptions et Belles-Lettres, et par la Société de Géographie de Paris.

Nous nous contenterons de citer : *Du Brahmanisme et de ses rapports avec le Judaïsme*, l'*Histoire générale de la Société des Missions-Etrangères*, l'*Histoire des Missions de l'Inde*, *Le mur de Dong-hoï*, les dictionnaires *Français-japonais*, *Lolo-français*, *Dioï-francais*, *Tay-annamite-français*, les travaux géographiques qui ont fait décerner à M. Desgodins, en 1880, le prix Logerot, et en 1890, la médaille Dupleix.

# XIII

## SERVICES A LA FRANCE

**147. — Rôle patriotique des missionnaires.** Les missionnaires sont les pionniers de l'idée chrétienne ; mais, sur la terre étrangère où ils vont travailler et mourir, ils font rayonner quelque chose de l'âme française dans l'épanouissement de leur âme d'apôtre. Un évêque du Tonkin, Mgr Puginier, a bien résumé leur rôle : « Nous missionnaires, nous travaillons pour Dieu, pour notre patrie, pour le pays auquel nous nous sommes dévoués. » Qui donc oserait leur reprocher leur patriotisme ? N'est-ce pas Dieu qui a mis au cœur de tout homme ce noble sentiment, que l'existence sur une terre lointaine contribue à développer ?

Au moment où la Société des Missions-Etrangères fut fondée, les missionnaires français étaient fort peu nombreux. On en trouvait bien quelques-uns dans les grands Ordres internationaux, Dominicains, Jésuites, Franciscains ou Capucins ; mais les éléments dominant dans les phalanges apostoliques étaient des Espagnols, des Portugais et des Italiens. La Société ne fut composée que de Français, ou d'hommes dont la langue était celle de notre pays, comme le veut encore le Règlement, et c'est pourquoi pendant plus d'un demi-siècle on appela ses prêtres : les missionnaires français. Parmi eux, le sentiment patriotique apparaît prncipalement en Lambert de La Motte, Deydier, de Bourges, de Lionne, Bénigne Vachet, et surtout Fr. Pallu, le principal fondateur de la Société et un des meilleurs esprits colonisateurs de son époque, qui en compta d'éminents.

A peine arrivé au Siam, M<sup>gr</sup> Pallu vit que ce pays était

**148. — Vues coloni-satrices de M<sup>gr</sup> Pallu.** un excellent centre d'affaires, et il écrivit à Louis XIV : « De Siam, si la France y était établie, elle toucherait, au sud, les îles de Sumatra, Bornéo, Java ; à l'ouest, elle rayonnerait jusqu'aux stations des Indes et à Madagascar ; elle serait à portée de soutenir les comptoirs de l'est, en Cochinchine, au Tonkin, en Chine, au Japon. »

Ce mémoire achevé, il en composa un autre pour Colbert et répéta les mêmes idées avec plus d'ampleur. Il s'adressa ensuite aux directeurs de la Compagnie française des Indes orientales, dont l'intention semblait être de s'occuper surtout de Madagascar ; il ouvrit devant eux de plus vastes horizons ; il traita des points les plus favorables au commerce, des ports les mieux situés, de la conduite des affaires et du choix des administrateurs des factoreries. Il voulait qu'on achetât Tranquebar aux Danois « qui ne le vendront pas cher » ; qu'on allât « goûter la cannelle de Ceylan, le clou de girofle d'Amboine, et la noix de muscade de la petite île de Banda » ; enfin il exprimait le désir de voir notre pays entrer en rapports plus suivis avec l'Inde.

Il fut écouté, et, à quelques modifications près, ses plans furent suivis. Notre diplomatie commença des négociations pour l'achat de Tranquebar ; San-Thomé, l'île du Soleil et l'île Caron dans la baie de Coteary devinrent nos principaux centres d'action. Boureau-Deslandes fonda Chandernagor, et Martin s'établit à Pondichéry.

Les premiers, Pallu et Lambert de La Motte nouèrent

des relations entre Louis XIV et les rois du Siam et de
l'Annam. Ils obtinrent des directeurs de la Compagnie
des Indes orientales la fondation par un de leurs employés d'un comptoir à Héan (Hungyen) au Tonkin,
avec l'aide des deux provicaires de la mission, MM. Deydier et de Bourges.

En 1679, pendant son séjour en France, M<sup>gr</sup> Pallu
exposa le projet d'une route qui partirait du Siam, tra-
verserait la Birmanie, et aboutirait au Yun-nan.

Il préconisa l'alliance avec la Russie, « la nation des
Moscovites, qui, dit-il, jouera un rôle considérable en
Asie, où elle cherchera à acquérir de la prépondérance ».
En 1684, il recommandait à Colbert d'installer des comp-
toirs à Amoy et à Formose.

**149. — Services des missionnaires du Siam.** L'année suivante, Laneau, le Vicaire apostolique du Siam, et ses missionnaires furent les auxiliaires de notre plénipotentiaire dans le traité du 10 décembre 1685, qui donna à la France la liberté du négoce au Siam sans droits d'entrée ni de sortie, le monopole du commerce de l'étain dans l'île de Jongselang, et la possession du port de Singor. Ils essayèrent de rendre service à l'expédition de 1688-1689 commandée par Desfarges ; malheureusement leurs conseils ne furent pas suivis.

**150. — Pendant le XVIII<sup>e</sup> siècle.** Pendant la première partie du XVIII<sup>e</sup> siècle, les navires français parurent rarement en Extrême-Orient ; mais chaque fois que l'occasion se présenta, les missionnaires fournirent des renseignements aux officiers, des vivres aux équipages, et sauvèrent des naufragés, comme ceux de la *Galathée*, qui durent la vie à M. Gouge. Les procureurs des Missions-Étrangères à Macao soignèrent les officiers et les marins malades ; services modestes sans doute, mais, hélas ! sous ce rapport, analogues au rôle joué là-bas par la France.

Ce rôle va bientôt grandir. Grâce à M<sup>gr</sup> G.-P. Pigneau de Béhaine, évêque d'Adran, la France conclut avec Nguyen-anh, le futur empereur Gia-long, le traité du 28 novembre 1787, dont

**151. — M<sup>gr</sup> Pigneau de Béhaine et la Cochinchine.**

les clauses favorables à notre pays furent les suivantes : contre des secours militaires que la France accordait à Nguyen-anh, elle recevait la propriété du port de Tourane et de l'île de Poulo-Condore, et le privilège de faire, à l'exclusion des autres nations européennes, le commerce avec la Cochinchine.

Par suite des difficultés suscitées par le comte de Conway, gouverneur de Pondichéry, les troupes ne furent pas envoyées. Au courant de cette situation, les Anglais firent offrir à Pigneau de Béhaine 900.000 francs pour qu'il acceptât leurs services. L'acceptation eût été pour notre pays et pour le catholicisme grosse de conséquences : l'Angleterre se serait installée à demeure fixe dans l'Annam, elle y aurait implanté le protestantisme ; et aujourd'hui la France ne posséderait pas cette belle colonie qui va des frontières de Chine à celles du Siam, et l'apostolat catholique aurait à lutter contre les protestants. L'évêque pressentit cet avenir, il refusa.

Il ne se contenta pas de ce refus, qui n'était pour son patriotisme qu'un acte incomplet ; il ne voulut pas laisser protester la signature de la France. Il fit partager ses convictions aux commerçants de Pondichéry, de l'Ile de

France, de Bourbon ; il recruta des officiers, des marins, et, sur le navire *La Méduse* affrété à ses dépens, il partit pour la Cochinchine. Quoique dépourvue de secours officiels, l'entreprise réussit ; avec le concours de l'évêque et de ses compagnons, Nguyen-anh reconquit ses Etats. La France fut désormais crainte et respectée sur ces lointains rivages, et, quand on parlait d'elle, on disait : « C'est le pays de Maître Pierre, qui nous a ramené notre roi. »

**152.— Modération des missionnaires.** A propos de ce traité, et de celui qui avait été conclu avec le Siam en 1685, il n'est pas sans utilité de faire cette remarque : Pallu, Laneau, aussi bien que Pigneau de Béhaine, conservent une exacte mesure dans la sauvegarde des intérêts de la France et des peuples qu'ils évangélisent. S'ils aident notre pays en lui assurant des avantages commerciaux très réels, ils ne le poussent pas à s'emparer d'une contrée plus faible ; ils ne font pas de la politique de conquérants, ce qui est en dehors de leur caractère et de leur devoir ; ils se contentent, et c'est leur rôle, d'offrir aux pays qu'ils aiment des moyens nouveaux d'augmenter leur prospérité et d'accroître leurs forces ; ils aident à des alliances pacifiques, parce qu'ils sont les ministres de Celui qui est venu enseigner la paix aux hommes de bonne volonté ; c'est la mise en pratique de la parole que nous avons déjà citée : « Nous missionnaires, nous travaillons pour Dieu, pour notre patrie, pour le pays auquel nous nous sommes dévoués. »

**153. — Mgr Lefebvre.** Quelques années plus tard, dans ce même pays d'Annam que Pigneau de Béhaine avait rendu à la dynastie des Nguyen, un Nguyen devint persécuteur ; des missionnaires furent décapités ou chassés. L'un de ces derniers, M<sup>gr</sup> Lefebvre, alla chercher un asile dans la ville de Singapore, et reçut du gouverneur l'offre d'être reconduit dans sa mission sur un navire anglais. Comme Pigneau de Béhaine et pour les mêmes motifs, Lefebvre refusa.

Ainsi, de dévouement en dévouement, de patriotisme en patriotisme, les missionnaires, après avoir inutilement essayé d'établir des relations entre la France et l'Indo-Chine, se gardaient de tendre la main à une autre nation.

**154. — Expéditions de Chine et de Cochinchine.** Enfin les circonstances changent ; une politique à vues moins courtes se fait jour dans les conseils du gouvernement français. Napoléon III, désireux de venger la mort de plusieurs de nos nationaux et les insultes faites à notre pavillon, décide l'expédition de Chine et celle de Cochinchine, et en débarquant sur le sol d'Extrême-Orient, les chefs de notre marine, de notre armée, de notre politique : Charner, Cousin-Montauban, le baron Gros, Rigault de Genouilly, ont pour interprètes, en Cochinchine : les missionnaires Legrand de la Liraye, Croc, Galy, Marc ; en Chine : Delamarre, et Deluc qui paiera cette fonction de sa tête dans le guet-apens de Tong-tcheou.

**155. — M. Janin et le protectorat français au Cambodge.** En 1863, lorsque la France voulut s'assurer le protectorat sur le Cambodge pour empêcher le roi Norodom de se jeter entre les bras du Siam, il se trouva, pour aider M. de La Grée, notre représentant à Phnom-penh, un missionnaire de grand cœur et de bonté proverbiale sur les rives du Mékong, M. Janin.

A l'instigation de l'Angleterre, qui crut l'occasion bonne pour acquérir une influence prépondérante au Cambodge, le roi du Siam avait proposé à Norodom une entrevue à Kampôt. Il ne s'agissait, lui disait-on, que d'arranger amicalement certaines questions pendantes : « affaires de famille, délimitation des deux royaumes, litiges au sujet du grand lac ».

Notre représentant conseilla au souverain du Cambodge de ne pas accepter ; il alla même jusqu'à lui faire des remontrances : tout fut inutile ; Norodom se dirigea vers Kampôt. Alors, M. de La Grée pria instamment M. Janin, dont il connaissait les excellentes relations avec le roi, de faire son possible pour empêcher la réunion projetée. Le missionnaire partit aussitôt afin de rejoindre le prince, qui avait 48 heures d'avance ; il l'atteignit à une demi-journée de Kampôt :

« Je me présentai devant lui, a raconté le négociateur improvisé, et lui dis qu'allant voir le P. Hestrest à Kampôt, j'avais forcé la marche pour accompagner Sa Majesté. Nous causâmes un peu, pas beaucoup ; Norodom était soucieux. Vers le soir, il voulut partir pour Kampôt ; je lui objectai que je ne pouvais l'accompagner, car j'étais extraordinairement fatigué. J'ajoutai que jamais, en Europe, un souverain n'entrait la nuit dans une de ses villes. Ce dernier argument porta coup.

« Je passai une grande partie de la nuit à démontrer au roi qu'il faisait une fausse démarche, qu'il obtiendrait de bien meilleures conditions en s'adressant à la France. Le roi écoutait, se fâchait, entendait les réponses, répliquait ; enfin, à bout de raisons, il me dit qu'il réfléchirait. Le lendemain, sa décision fut qu'il partait pour Kampôt. Je me récriai bien fort, je fis donner la vieille garde : « Sire, lui dis-je, vous méprisez Napoléon III ; or, Napoléon III est le neveu du grand empereur, de celui qui a vaincu toute l'Europe... Sire, à quoi vous exposez-vous ?...» A cette apostrophe inattendue, le roi parut anxieux..., je vis que j'allais gagner du terrain ; je continuai, je répétai mon argument sous toutes les formes... Le soir, Norodom reprenait la route de sa capitale. » Quelques semaines plus tard, le 11 août 1863, le roi du Cambodge signait le traité qui plaçait son royaume sous notre protectorat.

Passons au Tonkin, où des missionnaires, des prêtres, des chrétiens, ont rendu tant de services à la France, mais que Mgr Puginier a dépassés de toute la hauteur du chef.

**156. — Mgr Puginier et l'expédition Garnier.**

Au lendemain de sa victoire à Hanoï, en 1872, F. Garnier, notre premier conquérant du delta du Fleuve Rouge, demanda le secours de l'évêque : « Monseigneur, lui dit-il, vous connaissez les choses et les hommes du Tonkin mieux que personne ; vous aimez la France ; voulez-vous m'aider à consolider notre conquête, et me désigner les Annamites dévoués à notre pays et capables de gouverner sous ma direction ? » L'évêque accepta. Grâce à lui, Garnier eut des administrateurs.

Le prélat sent bien, pourtant, les difficultés de la situation ; il devine les Pavillons noirs ; c'est lui qui avertit Garnier du danger qui le menace, avis inutile, hélas ! puisque cet intrépide marin tombe bientôt, égorgé dans une embuscade.

Son successeur intérimaire, un enseigne de vaisseau de vingt ans, ressent malgré sa bravoure un instant de faiblesse : il croit tout perdu et ne songe qu'à se rembarquer avec ses troupes. L'évêque l'arrête, le réconforte, lui cherche et lui trouve des secours parmi les Chinois que commande l'explorateur Dupuis. Il prend part, avec l'évêque français de la Cochinchine septentrionale, M⁣gr Sohier, aux négociations d'un traité avantageux pour nous. Ce traité va être signé, quand l'arrivée d'un nouveau négociateur et les fluctuations de notre politique font tout échouer.

Le Tonkin évacué par nos soldats, les missionnaires et les chrétiens payèrent de leur sang l'aide qu'ils avaient donnée à la France.

Lorsqu'en 1882, les hostilités recommencèrent pour durer pendant plusieurs années, la haine des païens se leva plus violente et plus meurtrière ; près de 20 missionnaires et de 30.000 chrétiens furent massacrés. Assurément, l'amour qui ne sait pas souffrir n'est pas un amour sincère, mais est-ce une raison suffisante pour moins admirer les victimes?

Espérons que ceux qui gouvernent ou gouverneront notre pays se souviendront.

**157. — Reconnaissance due aux missionnaires.**

Il y a des dettes contre lesquelles le temps ne saurait prescrire ; la dette de sang est de celles-là. La pensée n'est pas de nous; nous l'avons prise dans un document officiel qui s'exprime en ces termes :

« Les missionnaires ont été nos précurseurs en Indo-Chine, et, dans les périodes de troubles, les premières victimes des mouvements insurrectionnels. Ils nous ont aidés, jadis, de leurs renseignements et de leurs conseils. Aussi, les populations chrétiennes ont été souvent maltraitées et persécutées, non seulement pour des raisons religieuses, mais comme amies des Français. Nous ne devons pas oublier nos dettes de reconnaissance. »

Le document est signé Paul Bert ; il est adressé à Messieurs les résidents, vice-résidents et chefs de postes du Tonkin, sous la date du 30 août 1886.

Au lendemain comme à la veille de ces massacres, Mgr Puginier écrivait aux gouverneurs généraux de l'Indo-Chine des lettres pleines de renseignements. Il rédigea, de 1884 à 1891, toute une

**158. — Au Tonkin et en Cochinchine.**

série de notes sur la situation, les fautes à éviter, les abus à prévenir, les moyens à employer pour pacifier promptement l'Annam et nous rallier sincèrement les populations. Les 17 juillet, 30 juillet et 25 août 1885, il prévint le général de Courcy de la trahison du régent Tuong. En travaillant pour la France, l'évêque n'oubliait pas le pays qu'il était venu évangéliser : il éclairait et aidait les mandarins annamites soucieux de la justice et du bien commun. Et le résident supérieur, Chavassieux, eut grandement raison, en saluant en lui « le représentant le plus dévoué du Tonkin », d'ajouter : « Si les fidèles annamites pleurent leur vieil évêque, dont ils ont été pendant plus de trente ans habitués à écouter sa voix, tous les malheureux et les déshérités de ce pays, sans distinction de religion, savent qu'ils ont perdu leur bienfaiteur. »

Faut-il encore citer les services rendus par M. Guerlach aux explorateurs des régions sauvages de l'Indo-Chine, aux capitaines de Malglaive et Cupet, à la Mission Pavie ?

Les missionnaires de Chine n'ont pas eu, par leur situation même, à rendre à la France des

**159. — Services aux explorateurs en Chine.**

services politiques aussi considérables que ceux de l'Indo-Chine ; mais ils n'ont jamais manqué de prêter à nos explorateurs et à nos commerçants un concours empressé

Il nous suffira d'ouvrir les Relations de ces derniers pour mettre le fait en évidence. Dans son ouvrage *Voyage d'exploration en Indo-Chine*, F. Garnier remercie avec cœur M<sup>gr</sup> Desflèches, MM. Fenouil, Vinçot, Le Guilcher, Proteau : « Je désire, écrit-il, que ce livre leur porte l'expression de ma gratitude pour les immenses services qu'ils ont rendus à l'expédition française, de mon admiration pour un courage et un dévouement qui leur semblent si naturels. »

Nous pourrions encore emprunter les lignes suivantes à la *Mission Lyonnaise*, dont les membres ont parcouru la Chine de 1895 à 1897 : « A Yun-nan-fou, nous avions trouvé auprès des missionnaires l'empressement le plus obligeant ; mais au Kouei-tcheou l'accueil fut encore plus cordial, et nous conserverons longtemps le souvenir de l'hospitalité du Pé-tang, où les circonstances devaient nous ramener trois fois. Les missionnaires du Kouei-tcheou ne nous ont pas seulement offert la plus cordiale hospitalité ; nous leur devons des renseignements fort intéressants sur la géographie, l'ethnographie et les produits de la province. Je les prie de recevoir en bloc, leur excellent et vénérable évêque en tête, le témoignage de notre reconnaissance et l'assurance du souvenir profond que nous gardons d'eux. »

Nous prenons au hasard, dans les livres du prince Henri d'Orléans, ces paroles qui ont l'accent d'une gratitude sincère : « Le lieutenant Roux et moi, nous avons contracté à l'égard des missionnaires des Missions-Etrangères une dette de reconnaissance dont je ne me croirai jamais acquitté ; qu'il me soit permis de leur rendre hommage une fois de plus ; sans eux, non seulement nous n'eussions jamais réussi, mais nous n'aurions jamais pu entreprendre cette expédition. »

Le commandant d'Ollone, 1909, et les membres de la Mission Legendre, 1911, n'ont pas parlé autrement des services que leur ont rendus M<sup>gr</sup> de Guébriant et M. Bourgain.

Enfin, nous citerons cette appréciation signée par M. Bonvalot, à son retour du Thibet et de la Chine : « En résumé, les Missions-Etrangères font un bien considérable. C'est surtout dans l'intérieur du pays que l'on peut apprécier l'heureuse action qu'elles exercent. Tous les voyageurs qui ont pénétré en Chine leur rendent hautement ce témoignage. Et qu'on ne vienne pas nous dire que cette influence bienfaisante demeure stérile pour les intérêts généraux du pays. Partout où réside le missionnaire le nom de la France se fait connaître, son prestige s'affirme et s'accroît. » Nous ne nous serions peut-être pas cru le droit de dire ces paroles, on nous pardonnera de les avoir répétées.

Les missionnaires rendent des services d'un autre genre, par la diffusion, dans les régions où elle est possible et utile, de la langue française. En certains établissements, comme aux séminaires de Saïgon et de Cu-lao Gieng en Indo-Chine, de Nagasaki au Japon, de Pondichéry dans l'Inde, eux-mêmes enseignent notre langue ; dans d'autres institutions, collèges et pensionnats, ils la font enseigner par les Religieux et les Religieuses qu'ils ont appelés à leur aide. Enfin, dans les écoles primaires, l'enseignement initie les enfants à nos méthodes, et les prépare à l'étude du français.

**160. — M. Maréchal. Vive la France !**

Certains actes d'une exquise délicatesse ne sont-ils pas, autant que les services, des preuves de patriotisme ? En 1898, vivait depuis quinze ans, dans la province du Kouang-tong en Chine, un missionnaire, L.-A.

Maréchal. Il apprend un jour que les Français ont débarqué à Kouan-chao-ouan. Il rêve d'aller voir nos soldats, nos marins, nos navires, notre drapeau ; mais il faudrait entreprendre un long voyage que son ministère lui interdit. Alors il appelle un de ses chrétiens et l'exerce à prononcer trois mots français ; l'indigène parvient à retenir assez bien la leçon. Quelques jours après, nos soldats campés à Kouan-chao-ouan voient avec étonnement un Chinois se prosterner trois fois devant notre drapeau qui flottait à l'entrée du port, et crier gravement : « Vive la France ! » C'était le messager de M. Maréchal ; c'était tout l'amour du missionnaire pour son pays, qui se résumait, se synthétisait en ce cri plus profondément senti, nous le savons, quand il est prononcé sur la terre étrangère.

**161. — Amour des chrétiens pour la France.** Nous n'étonnerons personne en disant que cet amour de la France est passé du cœur des apôtres dans celui des néophytes. Nos officiers et nos explorateurs ont pu apprécier la différence de l'accueil que leur font les villages chrétiens et les villages païens ; dans les premiers, c'est la sympathie, la serviabilité, la loyauté ; dans les seconds, trop souvent l'antipathie, l'insouciance, la dissimulation. Au milieu des épreuves de la grande guerre, les catholiques de toutes nos missions ont voulu prouver, par leurs prières et par leur générosité, leur dévouement à notre pays. Une chrétienne de Saïgon, en envoyant à M<sup>gr</sup> Mossard une somme assez considérable pour nos œuvres de guerre, lui écrivait : « Je n'oublierai jamais que c'est aux Français que nous devons d'être catholiques. Maintenant qu'ils sont dans la peine, c'est un devoir pour nous de venir à leur secours. »

Au Thibet si éloigné de nous, si réfractaire au catho-

licisme, voici ce qui s'est passé dans la pauvre chrétienté
de Yerkalo, tant de fois ruinée par la persécution : Le
missionnaire, M. Valentin, annonça un jour qu'il allait
faire une souscription pour la Croix rouge française. Le
soir même, les représentants de quarante familles se réunirent, afin de s'entendre sur la manière dont ils pourraient répondre à cet appel. Et le lendemain, ils appor-
tèrent au missionnaire 230 roupies (plus de 300 fr.) :
« Père, lui dirent-ils, vous savez que nous sommes rui-
nés. Nous n'avons pu trouver les 200 roupies nécessaires
au rétablissement de notre cimetière ; mais pour la France
qui nous envoie nos missionnaires, qui nous protège dans
les persécutions, nous devons faire plus que pour nous-
mêmes ; nous devons faire l'impossible. Voici notre col-
lecte ; plusieurs se sont endettés auprès des païens pour
apporter leur cotisation. »

L'utilité des missionnaires au point de vue patriotique
a commencé à pénétrer dans des
esprits que leurs croyances ne
rapprochaient pas de nous, mais
que leur connaissance des pays
lointains et des besoins de la France a conduits à cette
constatation. C'est ainsi que plusieurs de nos consuls ont
signalé au gouvernement de la Métropole la diminution du
nombre des ouvriers apostoliques, depuis l'expulsion des
religieux et la loi de Séparation, et les inconvénients
qui en résultent.

**162. — Funestes effets des lois contre les Congrégations.**

Cette situation a été dénoncée à la Chambre des Dépu-
tés par M. Louis Marin, dans son rapport sur le budget
des Affaires étrangères pour l'exercice de 1914 : « Beaucoup de nos colonies sont menacées d'un grave danger :
la diminution de nos nationaux dans le personnel reli-

gieux pendant la période qui s'est écoulée depuis les lois sur les Congrégations. »

Il n'est pas seulement question des colonies dans notre

**163. — Protectorat des missions de Chine.** exposé ; mais, outre que la Société des Missions-Étrangères est chargée des missions de l'Indo-Chine française presque entière, et, par conséquent, que la réflexion du député Marin la concerne, la France a des intérêts en Chine, au Siam, au Japon, et dans ces pays, comme dans les colonies, la réduction du nombre des missionnaires est funeste à son influence. Puisque les ouvriers évangéliques sont utiles à la France, celle-ci a donc intérêt à les soutenir. C'est ce qu'elle fait, particulièrement en Chine, où nos ministres plénipotentiaires et nos consuls défendent les droits de l'apostolat reconnus par les traités ; et c'est tout ce que les missionnaires désirent. Il ne leur viendrait pas en pensée de demander au protectorat de les aider à conquérir des fidèles.

Le protectorat, exercé dans cette mesure, a été accepté par le gouvernement chinois dans des conventions solennelles ; et quant au peuple, rien ne lui paraît plus simple et plus naturel. Le contraire lui semblerait même illogique, et si les missionnaires n'étaient soutenus par leur gouvernement, il les croirait au ban de leur propre pays. Que ce protectorat puisse avoir des inconvénients, nul ne songe à le nier ; mais il offre de notables avantages, et nous sommes entièrement de l'avis d'un missionnaire jésuite, le P. Gaillard, qui écrivait en 1895 : « Le maintien du protectorat des missions de Chine entraîne-t-il, pour la France et pour le peuple chinois, plus d'inconvénients que d'avantages ? Nous répondons catégoriquement : non ! » Et nous ajoutons que, dans l'état actuel de la Chine, ce protectorat est utile au catholicisme.

# XIV

## VIE CHRÉTIENNE. VIE RELIGIEUSE

**164. — Statistique des chrétiens pratiquants.** Le tableau, que nous allons tracer de la vie chrétienne des fidèles de nos missions, offre des appréciations de moyenne et non d'extrême, des jugements basés sur un ensemble et non sur des exceptions.

C'est un point de vue que, croyons-nous, il sera bon de ne pas oublier en le parcourant.

D'après les statistiques officielles, les catholiques des trente-cinq missions confiées à la Société sont au nombre de 1.639.853.

Ce chiffre renferme à peu près uniquement les catholiques ordinairement pratiquants avec leurs enfants ; et par catholiques pratiquants nous entendons ceux qui sanctifient les dimanches et les fêtes selon les règles de l'Eglise, et remplissent l'obligation annuelle de la confession et de la communion.

Cette manière de compter évite toute illusion, toute apparence trompeuse ; elle présente une force réelle et non fictive ; c'est un incontestable avantage. D'ailleurs, elle n'empêche pas les missionnaires de noter avec soin les chrétiens indifférents ou négligents, afin de pouvoir, soit par eux-mêmes, soit par les catéchistes, les rappeler à leur devoir.

**165. — Etat social des chrétiens.** On a appliqué aux fidèles d'Extrême-Orient le jugement porté par saint Jérôme sur l'Eglise en général : « L'Eglise du Christ n'est pas composée d'académiciens et de lettrés, mais de pauvres gens. »

L'appréciation n'est pas entièrement exacte. Les catholiques sont en majorité des pauvres et des humbles, comme d'ailleurs la plupart des hommes ; ils ne le sont pas tous.

Il existe dans les missions des familles catholiques très honorables par leur situation sociale ; on trouve : aux Indes, des conseillers du gouvernement, tels les Tambouchetty ; dans l'Indo-Chine occidentale, des commerçants notables ; dans l'Indo-Chine orientale, des fonctionnaires, des administrateurs, chevaliers, officiers ou même commandeurs de la Légion d'honneur, comme Em. Tranba-Loc, Petrus Tuong-vinh-Ky, Paulus Cua; des interprètes dont l'influence est fort grande en bien des milieux; des propriétaires qui gèrent leurs terres avec habileté ; en Chine, des commerçants, des agriculteurs, des industriels ; au Japon, des officiers de terre et de mer, des préfets et sous-préfets, des médecins, des avocats, si bien qu'il serait aisé de rééditer, à leur sujet, le texte de Tertullien : « Nous remplissons vos villes, vos îles, vos forteresses, vos bourgades, vos assemblées, vos tribus, vos décuries, le palais, le sénat, le forum. » Mais dans le monde extrême-oriental, comme dans le monde romain, ces paroles, pour exprimer la réalité, ne doivent pas être prises dans un sens absolu.

**166. — Courage des chrétiens.** D'ailleurs, la fortune ou la situation sociale des catholiques n'augmente ou ne diminue guère leur valeur au point de vue religieux. Cette valeur est réelle. Les persécutions sont là pour prouver la solidité de leur foi. Combien de centaines et de milliers d'entre eux ont préféré la mort à l'apostasie ! Serions-nous sûrs, le cas échéant, de rencontrer autant d'héroïsme chez les chrétiens d'Occident ? Sans remonter dans un passé lointain ou même datant d'une cinquantaine d'années, sans parler des 3.000 chrétiens d'Urakami emprisonnés en 1870 par les autorités japonaises, à cette époque très hostiles, nous avons vu plus près de nous des résistances invincibles à toute tentative d'apostasie.

En 1885, le 7 septembre, environ 400 chrétiens, enfermés dans l'église d'une chrétienté de la province de Quang-tri, furent brûlés vivants par les païens des environs. Quelques-uns de ces païens voulurent sauver des femmes chrétiennes, et les engagèrent à sortir de l'église avant qu'on y mît le feu. Plutôt que de perdre leur âme, car elles savaient de quel prix elles paieraient leur délivrance, pas une ne répondit à ces avances ; elles préférèrent périr dans les flammes. Un missionnaire, aujourd'hui évêque à Hué, Mgr Allys, arriva sur les lieux, un jour ou deux après le massacre. Il trouva dans une haie une femme à moitié brûlée, mais encore vivante, et qui, dans son délire, ne cessait de répéter : « Không bo ! không bo ! Je n'apostasie pas, je n'apostasie pas ! » C'est le cri qu'elle avait proféré lorsque les flammes jaillissaient et s'élevaient autour d'elle, lorsque les coups des païens l'avaient rejetée dans l'incendie qu'elle essayait de fuir ; c'est le cri qu'elle continuait à pousser inconsciemment, jusqu'à ce qu'elle parût devant le tribunal de Dieu, pour recevoir la couronne conquise par son héroïsme.

Les bandits, connus sous le nom de Boxeurs, qui dévastèrent, de 1900 à 1902, de nombreuses chrétientés en Mandchourie et au Se-tchoan, ont rencontré la même admirable résistance.

**167. — Fidélité des chrétiens aux pratiques religieuses.** Le courage dans les persécutions prouve une foi robuste ; il n'implique pas toujours une pratique régulière de la religion. Cette pratique existe. Il est d'autant plus facile de s'en assurer que les missionnaires, chefs de districts ou de paroisses, possèdent un registre appelé l'état des âmes, sur lequel ils inscrivent soigneusement les résultats de l'administration des sacrements. Quand on a parcouru quelques dizaines de ces registres, on ne doute pas de la foi agissante des catholiques.

Dans une étude sur la mission de Cochinchine septentrionale, M. Cadière a fait ces observations : « Sur les comptes d'administration des sacrements pour 1909-1910, je remarque, pour un chiffre global de 42.489 chrétiens, 26.814 confessions pascales et 25.267 communions pascales. Dans ma paroisse, je ne connais que trois personnes qui, pour des raisons particulières, n'ont pu satisfaire au précepte pascal, et cela contre 680 confessions pascales. »

Un missionnaire de Tai-kou (Corée) nous disait, il y a quelques mois, que sur les 2.200 catholiques de son district, une cinquantaine n'avaient pas fait leurs pâques en 1913. Il ajoutait que, dans toute la mission, 95 % des chrétiens en âge de faire leurs pâques remplissent régulièrement ce devoir.

Portant sur les chrétiens annamites un jugement qui peut être généralisé pour tous les fidèles d'Extrême-Orient, M. Louvet a écrit : « Ce peuple est faible, mais bon, il a une foi très vive ; il peut faire des fautes, s'éloigner même de la religion, parce qu'il la juge trop difficile à pratiquer ; mais on ne trouve pas chez lui, hormis peut-être exceptionnellement chez quelques-uns de ceux qui fréquentent les Européens, cette haine de Dieu et de son Eglise, cette impiété brutale et bête qui fait de nous, à cette heure, la risée de l'Europe et l'objet de la réprobation de tous les honnêtes gens. »

Les chrétiens d'Extrême-Orient prient régulièrement.

**168. — Prière familiale et publique.** Leur prière n'est pas silencieuse. Les exercices de piété que nous appelons oraison, méditation, entrent difficilement dans leur intelligence. Qu'ils soient Indiens, Annamites, Chinois ou Coréens, ils prient à haute voix.

Il y a la prière familiale et la prière publique ou paroissiale. Presque tous les chrétiens se font un devoir de réciter matin et soir, en famille, leurs prières quotidiennes. Combien de fois n'a-t-on pas lu dans les *Annales de la Propagation de la Foi* des faits dans le genre de celui-ci, raconté par un missionnaire de Cochinchine : « Je n'oublierai jamais l'impression que j'éprouvais, la nuit, en entendant le chant des prières s'élever de chacune des barques que je croisais. Comme le travail de ces pêcheurs finit à presque toutes les heures, c'est pendant toute la nuit que l'on entend ces chants, à un endroit ou à l'autre. »

A l'église on récite, matin et soir, les prières publiques dans la plupart des chrétientés. Il n'y a que les chrétientés trop peu nombreuses, ou privées d'oratoire, qui fassent exception.

Le dimanche et les jours de fête, les prières sont plus longues. Elles commencent le matin vers sept heures ; elles sont suivies du sermon, de la messe pendant laquelle les prières de préparation à la communion et les prières d'actions de grâces sont dites par le catéchiste ou par ceux qui communient. A midi, nouvelles prières, et le soir, prières plus longues que celles des jours ordinaires. Dans ces trois réunions on récite le rosaire en entier.

Les chrétientés où le prêtre ne réside pas accomplissent les mêmes exercices de piété, excepté l'assistance à la messe

Le livre des prières en usage dans les missions d'Indo-Chine a pour auteurs nos premiers missionnaires ; il comprend, outre les prières de chaque jour et du dimanche, des prières et des cantiques pour les principales fêtes et les diverses époques du cycle liturgique. Il est écrit en un annamite précis, coulant, harmonieux, cadencé, qui fait l'admiration des lettrés.

Dans les missions de Chine, on récite les prières composées en grande partie par le Vénérable Moÿe. C'est à lui, en effet, que sont dus les trente-trois méditations pour la petite couronne de Notre-Seigneur, les actes avant et après la communion, les méditations sur les 15 mystères du Rosaire ; il en a organisé le mode de récitation qui s'observe encore aujourd'hui.

**169. — Fréquentation des sacrements.** Les sacrements sont très fréquentés. Il y a quinze ans, on trouvait, sur 2.000 fidèles, 50 à 60 personnes communiant aux principales fêtes de l'année, 35 à 40 le premier vendredi de chaque mois, 55 à 60 le troisième dimanche, et environ 15 chaque dimanche. Depuis les conseils du Souverain Pontife Pie X sur la fréquente communion, ces chiffres ont notablement augmenté.

Voici un tableau très suggestif, fait d'après les rapports officiels des missions :

Au Tonkin occidental, sur une population de 140.000 fidèles :

|              | 1906    | 1907    | 1916      |
| ------------ | ------- | ------- | --------- |
| Confessions  | 265.508 | 300.587 | 470.000   |
| Communions   | 255.911 | 312.487 | 1.300.000 |

En Cochinchine septentrionale, sur une population de 58.895 fidèles :

|              |        | 1911      | 1912      |
|--------------|--------|-----------|-----------|
| Confessions  | . . . . . . | 159.588 | 193.794 |
| Communions   | . . . . . . | 223.744 | 324.425 |

Dans la mission de Malacca, sur 24.200 catholiques en 1905, et 36.490 en 1917 :

|              |        | 1905      | 1917      |
|--------------|--------|-----------|-----------|
| Confessions  | . . . . . . | 54.926  | 164.380 |
| Communions   | . . . . . . | 74.611  | 324.724 |

En 12 ans, la population catholique a augmenté de 1/3 et le nombre des confessions et des communions a triplé.

Au Yun-nan, sur une population catholique de 12.000 en 1910 et de 14.000 en 1912 :

|            |      | 1910    | 1911    | 1912    |
|------------|------|---------|---------|---------|
| Communions | . . . | 17.000  | 25.000  | 38.000  |

**170. — Défauts.** Parmi les défauts des chrétiens, l'injustice doit être placée au premier rang. Sans doute, il y a chez eux beaucoup moins d'injustice que chez les païens ; mais il est assez rare qu'un catholique soit assez pénétré du sentiment de l'équité pour consentir à se gêner afin de réparer le tort causé à autrui. D'autre part, il est souvent trop pauvre pour retrancher quelque chose à ses dépenses, et trop ingénieux à trouver des prétextes d'excuse.

Le mensonge est assez fréquent pour qu'un missionnaire de Cochinchine occidentale, M. J.-B. Clair, ait pu prétendre, sans une trop forte pointe de paradoxe, que les Annamites et les Chinois sont incapables, sans un effort réel, de dire de prime abord la vérité.

A ces défauts communs aux Orientaux, les Indiens ajoutent leurs préjugés de caste, qui les rendent parfois désobéissants jusqu'à la révolte. On cite tel district, où les catholiques de haute caste, ayant construit une église, refusaient d'y laisser entrer les parias ; l'évêque déclara que, s'ils s'obstinaient, il ne leur donnerait pas de prêtre. Les chrétiens refusèrent de céder pendant plus d'une année. Ailleurs, les parias ayant demandé au missionnaire la permission d'user du palanquin (espèce de brancard orné, sur lequel on porte processionnellement les époux le jour de leur mariage), et le prêtre, encore peu expérimenté, les y ayant autorisés, contrairement à l'usage qui leur interdit cet honneur, les fidèles des castes supérieures cessèrent de venir à l'église. Pour nous, ce sont des absurdités ou des enfantillages ; pour les Indiens, ce sont des choses de très grande importance, et qui mettent en émoi toute une contrée.

**171. — Culte des Saints. Pèlerinages. Fêtes.** Les saints les plus en honneur sont : la Sainte Vierge sous divers vocables, et particulièrement celui de Notre-Dame de Lourdes ; saint Joseph, saint Antoine do Padoue, saint François-Xavier, saint Ignace, sainte Thérèse, sainte Agnès. Le mois de Marie et celui du Rosaire sont très suivis.

Les chrétiens de l'Inde aiment les pèlerinages, et souvent ils vont prier Notre-Dame de Lourdes à Villenour, saint Roch à Neriapenour, sainte Madeleine à Cottapaleam ; des neuvaines, pendant lesquelles des missionnaires prêchent chaque jour, précèdent la célébration de la fête patronale.

En Cochinchine, le pèlerinage de Notre-Dame de La-vang est fréquenté. Il date de 1800. On rapporte qu'à cette époque les fidèles, étant en prières dans l'oratoire de La-vang, virent apparaître une dame, que tous déclarèrent être la Sainte Vierge ; elle passa plusieurs fois devant eux, puis, s'arrêtant, leur dit d'une voix très douce : « Mes enfants, ce que vous m'avez demandé, je vous l'accorde ; et désormais tous ceux qui viendront ici me prier, je les exaucerai. » Au jour du pèlerinage annuel, dans le mois d'août, on y voit jusqu'à 15.000 personnes.

Tous ont un goût très prononcé pour les fêtes religieuses, à condition qu'elles soient bruyantes, et accompagnées, en Annam, d'un repas ; aux Indes, d'une procession. Des Indiens manqueront une messe d'obligation, qui voudront à tout prix assister à une procession. Ces processions se font la nuit qui précède, ou celle qui suit la fête. Alors les torches flambent, les feux de bengale rouges, bleus, jaunes s'allument, les fusées déchirent l'air, la musique fait résonner ses plus bruyants accords.

En Chine, les mariages et les enterrements sont l'occasion de fêtes et de banquets solennels.

Les œuvres de prière, les associations, les confréries sont nombreuses.

**172. — Œuvres et Associations.** En voici un résumé tel que nous permettent de le donner les derniers renseignements :

L'Œuvre du Denier de St-Pierre existe dans  9 missions.
    —     de la Propagation de la Foi   —  14   —
    —     de la Sainte-Enfance[1]   —  18   —
La Confrérie du Saint-Rosaire   —  35   —
    —     du Sacré-Cœur   —  28   —
    —     du Scapulaire   —  26   —
    —     de l'Apostolat de la prière  —  12   —
    —     de la Bonne mort   —  12   —
    —     du Rosaire vivant   —   9   —

[1] Nous parlons de ces deux œuvres en tant qu'elles sont organisées comme en France.

La Confrérie des Enfants de Marie existe dans 9 missions.

| | | | | |
|---|---|---|---|---|
| — | du Saint-Cœur de Marie | — | 6 | — |
| — | des Ames du Purgatoire | — | 5 | — |
| — | de Notre-Dame-des-Victoires | — | 3 | — |
| — | des Saints-Anges | — | 3 | — |
| — | de la Sainte-Face | — | 2 | — |
| — | de la Sainte-Trinité | — | 2 | — |
| — | de Saint-Joseph | — | 2 | — |
| Le Tiers-Ordre de Saint-François | | — | 4 | — |

**173. — Respect et affection pour les missionnaires.** Les catholiques ont un grand respect et une réelle affection pour les missionnaires. Combien d'entre eux, à l'époque des persécutions, ont joué et même généreusement sacrifié leur vie pour les conduire d'asile en asile, ou pour leur donner un refuge dans leur propre demeure ! Si les missionnaires étaient arrêtés, ils se cotisaient pour les racheter, et parfois bataillaient contre les satellites pour les délivrer[1].

Ils aiment à posséder dans leur église le tombeau d'un prêtre. Les Indiens emploient, pour s'en assurer la possession, les arguments les plus extraordinaires. M. Badenier, qui était resté 40 ans à Vadouguerpatti, avait été obligé, par suite de son grand âge, de quitter ce poste. Un jour, il vit arriver dans sa retraite une députation de ses anciens paroissiens, qui le supplièrent de revenir chez eux, car, « depuis son départ, tout était dans la désolation, les rivières ne donnaient plus d'eau, les récoltes séchaient sur pied, le bétail périssait, etc... »

---

[1] Ce respect existe chez les païens qui n'ont pas la haine de l'étranger. Il est facile de l'observer en Extrême-Orient; on l'a très nettement remarqué chez les Chinois et chez les Annamites païens venus en France pour la guerre. On peut dire en général qu'aucun Européen n'avait sur eux autant d'ascendant que les missionnaires.

En réalité, ils pensaient que son tombeau serait, pour leur village, comme une sorte de palladium qui les protégerait contre toutes les calamités.

Il est à peu près inouï que des catholiques aient refusé

**174. — Mort. Confiance en Dieu.**

les secours de la religion au moment de la mort ; les plus négligents ont hâte de se mettre en règle avec Dieu, et ils le font sans respect humain et sans appréhension ; d'ailleurs, la confiance est un sentiment qui pénètre leur âme plus facilement que la crainte. Quand ils ont reçu l'absolution, la communion, l'extrême-onction, ils n'éprouvent pas le moindre doute sur leur salut ; ils ne diraient point avec un poète :

> Peut-être qu'en restant bien longtemps à genoux,
> Quand il aura béni toutes les innocences,
> Puis tous les repentirs, Dieu finira par nous.

Ils sont convaincus que Dieu commencera par eux.

Est-il étonnant que de cette existence, dans son

**175. — Religieux indigènes.**

ensemble réellement chrétienne, sorte comme une belle fleur d'une tige vigoureuse, une vie conforme aux conseils évangéliques ?

Des religieux et des religieuses indigènes existent donc dans toutes nos missions. Cependant les Congrégations et les groupements d'hommes sont beaucoup moins nombreux que ceux de femmes.

Au Maïssour, les Frères de Saint-Joseph fondés par Mgr Chevalier, et reconstitués pendant l'épiscopat de Mgr Coadou par Mgr Baslé sous le nom de Frères de l'Immaculée-Conception, n'ont jamais dépassé le chiffre de 25.

La mission de Cochinchine occidentale possède des catéchistes sérieusement instruits, formant une sorte de société religieuse, mais dans laquelle les vœux ont été remplacés par de simples promesses ; ils sont 25 à 30.

Les catéchistes des missions du Tonkin, dont le groupement plusieurs fois séculaire est si fortement constitué, pourraient, sans trop de peine, être assimilés à des religieux.

Les Frères des Ecoles chrétiennes, les Marianistes, les Trappistes, ont formé des noviciats, dans lesquels ils ont reçu une centaine d'indigènes.

**176. — Religieuses indigènes.** Quelle facilité, au contraire, à fonder des Congrégations de femmes et à les développer ! M<sup>gr</sup> Lambert de La Motte, nous l'avons dit, avait dès 1669 établi au Tonkin l'Institut des Amantes de la Croix. Ces religieuses devaient s'occuper de l'éducation des filles, soigner les femmes malades, baptiser les enfants de païens en danger de mort. Leur règlement les obligeait aux vœux de chasteté, de pauvreté et d'obéissance, à la méditation quotidienne, à la discipline trois fois par semaine, et au jeûne la veille de toutes les fêtes.

Les Eglises de la Cochinchine et du Siam possédèrent bientôt plusieurs couvents d'Amantes de la Croix. Pendant les périodes de persécution, ces religieuses ne craignirent pas de donner, au péril de leur vie, asile aux missionnaires proscrits, de visiter dans leurs cachots les condamnés à mort, et de leur porter le saint viatique du grand voyage.

L'Institut a résisté à tous les orages, et aujourd'hui les Amantes de la Croix sont nombreuses dans toutes les missions de l'Indo-Chine orientale. En Cochinchine occidentale, sous l'impulsion d'un missionnaire d'une initiative hardie et heureuse, M. Gernot, elles ont agrandi leur cercle d'action en prêchant la foi aux païens, en développant leurs programmes d'études, et en fondant des hôpitaux.

Au Japon, MM. Poirier et Pélu ont fondé, de 1877 à 1880, une communauté d'Amantes de la Croix, dont le but est le même que celui de leurs aînées. Mais, chose digne de remarque, et qui rapproche par un point essentiel leur organisation de celle de la Société des Missions-Etrangères, ces bonnes filles ne prononcent que le vœu de chasteté ; elles ne font pas ceux d'obéissance et de pauvreté. Cette innovation a réussi ; et, sans être liées par les mêmes vœux que les religieuses, les Amantes de la Croix du Japon en pratiquent les vertus.

Dans les missions de Chine, Mgr de Martiliat, Vicaire apostolique du Yun-nan et administrateur du Se-tchoan, forma l'Institut des Vierges chrétiennes ; mais, les mœurs chinoises s'y opposant, il ne put réunir ces pieuses filles en communauté. Il se contenta de leur donner, en 1744, un règlement divisé en 25 articles, qui leur indique les prières à réciter, les pénitences à accomplir et la conduite à suivre dans la famille. Plus tard, M. Moye les employa à tenir des écoles, à baptiser les enfants de païens en danger de mort, et à enseigner les vérités chrétiennes aux femmes catéchumènes. Aujourd'hui, on peut en certaines villes les rassembler dans un couvent, et leur donner une instruction plus complète.

Dans l'Inde, Pondichéry possédait dès le XVIIIe siècle un monastère de Carmélites indigènes, qui, il y a une trentaine d'années, a essaimé et fondé un autre Carmel à Karikal. Les Congrégations du Saint et Immaculé-Cœur de Marie, de Notre-Dame-de-Bon-Secours, de Saint-Louis-de-Gonzague, de la Présentation, de l'Immaculée-Conception, se sont fondées depuis 1840.

La première surtout est remarquable par son dévouement et son habileté dans l'instruction de la jeunesse ; elle possède à Tiroupapalayour une école normale d'où sortent de remarquables professeurs.

Ce sont là les Instituts indigènes autonomes, relevant directement du supérieur de la mission.

Des Congrégations se sont formées, également composées d'indigènes, mais sous la direction des Congrégations françaises ; telles, au Maïssour, les religieuses de Sainte-Madeleine et celles de Sainte-Anne, qui dépendent du Bon-Pasteur ; les religieuses de Saint-François-Xavier, en Birmanie méridionale, qui relèvent de Saint-Joseph-de-l'Apparition.

Enfin, des jeunes filles ont préféré prendre rang dans des Congrégations françaises, qui les ont reçues au même titre que les filles de la mère-patrie ; c'est ainsi que l'on trouve des Annamites, des Japonaises, des Coréennes parmi les religieuses de Saint-Paul de Chartres, de la Providence de Portieux, du Saint-Enfant-Jésus, du Carmel, de la Trappe.

Le total des religieux et des religieuses indigènes dépasse le chiffre de 5.000.

**177. — Appréciation générale.** Tels sont, dans leur ensemble, les catholiques des missions de la Société. Nous avons donné sur eux, nous l'avons dit, une note générale qu'il ne faudrait ni prendre dans un sens absolu, sous peine de l'exagérer, ni combattre par des exceptions, en oubliant que les exceptions confirment la règle.

Le jugement d'un missionnaire de Cochinchine, que nous voulons rapporter en terminant, ne peut pas, sans doute, convenir à tous, ni être considéré comme un écho universel ; il résume, cependant, le sentiment d'un bon nombre de ceux qui ont pu faire la même expérience : « J'ai, dit-il, exercé pendant dix ans le saint ministère en France ; voici douze ans que je suis ici ; j'ai donc pu comparer et me prononcer en connaissance de cause. Eh bien ! je déclare en conscience que j'ai trouvé ici beaucoup plus de consolations qu'en France. »

Les missionnaires mobilisés qui pendant les quatre ans et demi de l'horrible guerre ont eu le temps de voir et d'apprécier l'état catholique de notre pays, contresigneraient assurément cette appréciation.

Voici, en effet, les lignes qui nous ont été récemment adressées et qui résument de nombreuses conversations sur le même sujet : « La plupart de mes confrères, pour ne pas dire tous, et moi, partis jeunes pour les missions, après avoir uniquement vécu dans des familles chrétiennes et dans des séminaires, nous ignorions la moralité générale de nos compatriotes. Nous croyions facilement que le peuple de France était en grande majorité catholique de fait presque autant que de nom. Hélas ! nous étions loin de la vérité. Il y a ici de très belles âmes, admirables de vertu, superbes d'héroïsme, douées d'une exquise délicatesse que nous ne rencontrons point en Extrême-Orient ; mais dans leur ensemble nos chrétiens sont certainement meilleurs que ceux de France ; ils accomplissent plus exactement leurs devoirs religieux ; ils obéissent plus fidèlement aux enseignements de l'Eglise. Nos paroisses comptent incomparablement moins de mauvais chrétiens que les paroisses françaises ; et parmi eux nous n'en rencontrons aucun animé de haine contre le prêtre, acharné à combattre son action. Le sectarisme parmi les baptisés semble, jusqu'à présent, être le monopole d'une partie de l'Occident. »

XV

# VIE DU MISSIONNAIRE

**178. — Nature de cet exposé.** La vie du missionnaire a été bien souvent décrite en des pages très littéraires. Les descriptions sont belles et vraies. Mais les reproduire, ou seulement nous en inspirer, ne rentrerait pas dans notre exposé, qui exige plus de précision, nous dirions volontiers plus de terre à terre.

Il nous est cependant impossible de raconter en détail l'existence des ouvriers apostoliques dans 35 missions ; nous nous bornerons donc à en esquisser les grandes lignes, les mêmes partout, en appuyant sur quelques points plus saillants. D'ailleurs, nous avons déjà donné de nombreux renseignements sur ce sujet dans les chapitres sur l'*Organisation de la Société* et sur celle *des Missions*, sur les *Séminaires* et sur les *Œuvres*.

**179. — Voyage de France en Extrême-Orient.** Pénétrer dans la plupart des missions était autrefois extrêmement périlleux, puisque la peine de mort était portée contre les prédicateurs de l'Evangile, et également contre leurs guides et leurs introducteurs. Aussi, que de précautions on prenait pour s'embarquer à Macao sur une jonque chinoise ou annamite, afin de gagner la Cochinchine, le Tonkin, les provinces reculées de la Chine. Les missionnaires se déguisaient en matelots, en malades, en mendiants ; ils descendaient à fond de cale où on leur ménageait une cachette de quelques pieds carrés, entre des ballots de riz. Ce temps-là n'est plus.

L'apôtre parvient dans sa mission après un voyage plus ou moins long et fatigant, mais sans danger. Pour aller de Marseille à Pondichéry, il mettra 15 à 16 jours ; à Saïgon, 24 à 26 jours ; au Japon, 32 à 34 ; au Se-tchoan, 2 mois et demi ; au Kouy-tcheou, 3 mois ; au Thibet, 4 ou 5 mois. C'est une période de noviciat, qui permet au jeune prêtre de prendre contact avec les hommes et les choses d'Extrême-Orient, et de commencer à s'habituer aux uns et aux autres.

**180. — Débuts en mission.** Arrivé dans son Vicariat apostolique, il n'est point un isolé, il appartient à un corps organisé, il est soumis à une autorité reconnue, qui l'empêche de s'égarer en suivant ses premières impressions. Ce n'est pas à ses dépens, à ses risques et périls, à force de tâtonnements ou d'erreurs qu'il apprend à connaître sa nouvelle existence. Dès ses débuts, une place lui est assignée, un chemin tracé par les règlements et par les traditions lui est ouvert ; les leçons d'un ancien missionnaire le guident pendant un temps dont la durée peut varier de quelques mois à quelques années.

**181. — Vêtements. Nourriture.** Naguère, il quittait la soutane, pour revêtir, en Indo-Chine orientale, l'habit annamite ordinaire ; en Chine, le costume des lettrés ; aux Indes, le turban, l'écharpe blanche et la ceinture rouge. Actuellement, il garde sa soutane dans la plupart des missions, au moins dans les villes. Il est vrai que, pour plus de commodité, cette soutane est parfois en coton blanc, parfois en soie noire du pays ; mais elle est immuable en sa forme qui distingue le prêtre de toute autre personne.

La nourriture, excepté dans les villes des colonies anglaises et françaises, est celle du pays, à base de riz cuit à l'eau, avec viande et poisson, et la boisson est de l'eau ou du thé, avec une petite réserve de vin pour les jours de fatigue ou de maladie.

Le premier travail consiste à apprendre la langue.

**182. — Etude de la langue.** Le missionnaire devra parler les langues du pays : le tamoul et le canara aux Indes ; le chinois, le tamoul, le malais dans le diocèse de Malacca ; le birman et le carian en Birmanie ; le siamois et le laotien au Laos ; les dialectes sauvages en Cochinchine, au Tonkin et en Chine, outre l'annamite et le chinois.

Dans tous les pays colonisés par l'Angleterre, il doit savoir l'anglais, qui lui sera également utile au Japon et au Siam.

Quelques ouvriers apostoliques doués d'aptitudes particulières apprennent très vite à parler ; on dit que, quinze jours après son arrivée au Maïssour, M. Bouquet put prêcher en tamoul un sermon qu'il savait par cœur ; on n'ajoute pas si le sermon fut compris tout entier...

En général, après six mois d'étude, un missionnaire commence à entendre les confessions. Mais il lui sera indispensable de continuer longtemps à travailler, avant de se rendre maître de la langue. Bien parler complète le bien agir ; pour les Orientaux cultivés, tous plus ou moins artistes, il le dépasse ; et souvent les plus sublimes vérités, si elles sont mal dites, les laissent indifférents.

Certains missionnaires, soit grâce à des dispositions

spéciales, soit par une étude persévérante, manient la langue avec une telle facilité, que les indigènes ne reconnaissent pas en eux des étrangers. Un missionnaire du Kouang-tong, M. Amat, put vivre pendant plusieurs jours dans une famille chinoise païenne, sans que personne se doutât de sa nationalité. Le fait le plus curieux est bien celui de M. Renou. Il avait été missionnaire en Chine pendant une dizaine d'années, lorsqu'en 1851 il tenta l'évangélisation du Thibet. Déguisé en marchand chinois et accompagné d'un bon chrétien, il gagna la lamaserie de Teun-djrou-ling, où la langue et les habitudes chinoises étaient connues de tous. Il demanda aux lamas l'autorisation de se reposer pendant quelques jours sous leur toit ; on le lui permit. Le lendemain, il lia conversation avec le supérieur du monastère, bouddha vivant, homme instruit et estimé. Il avait glissé parmi ses marchandises une longue-vue qui fit l'admiration du supérieur et excita sa convoitise. A tout prix il voulait l'acheter ; le missionnaire refusait de la vendre. Enfin, un jour que les instances du lama étaient plus vives, Renou feignit de se laisser toucher : « Eh bien ! lui dit-il, vous qui êtes si savant, si vous voulez m'apprendre le thibétain pendant six mois, je vous fais cadeau de cette longue-vue. — Très bien, répondit tout heureux le bouddha vivant, volontiers j'accepte. » Et immédiatement, il donna l'ordre de préparer une cellule près de la sienne pour son nouvel écolier. Les leçons commencèrent. Afin de ne pas les oublier et de ne pas se trahir, le missionnaire était obligé de les écrire en caractères chinois devant le lama ; la nuit, retiré chez lui, il les traduisait en français, puis il récitait son bréviaire, et, de temps en temps, de très grand matin célébrait la messe. Il travailla ainsi avec une assiduité extraordinaire pendant les six mois convenus, apprit la langue, rassembla les matériaux d'un dictionnaire qui fut d'une très grande utilité, et quitta son professeur « sans que le brave homme se fût douté qu'il avait forgé sur son enclume et avec son fer des armes destinées à combattre sa religion ».

En même temps qu'il étudie la langue, le missionnaire s'initie aux coutumes, aux mœurs, au **183. — Vertus apostoliques.** caractère et à la mentalité du peuple au milieu duquel il doit vivre. Il voit par lui-même la vérité de ce qu'on lui a souvent répété : qu'en dehors de la civilisation européenne, il en existe d'autres qui ne sont point à dédaigner. Il se plie aux usages, qu'ils soient puérils ou raisonnables ; il pratique la politesse compliquée du pays ; en un mot, il se fait tout à tous, ce qui est bien, comme le jugeait saint Paul, la meilleure méthode d'apostolat. Mgr Laouënan, qui visita l'Inde entière de 1859 à 1862, pensait qu'à cette époque la différence de succès dans la propagande de l'Evangile, entre le nord et le sud, tenait en partie à la conduite des missionnaires, qui, dans le nord, avaient gardé leurs habitudes européennes, et qui, dans le sud, suivaient autant que possible les coutumes indiennes.

Sa formation non pas achevée, mais bien commencée, l'ouvrier apostolique est prêt pour le travail. Il s'y met de tout cœur, mais il sent très vite que son impuissance doit être aidée par la grâce de Dieu. Sa foi, qui était déjà grande et forte, puisque c'est par esprit de foi qu'il a quitté sa famille et son pays ; son courage, son abnégation, sa piété se développent, en voyant combien sont nécessaires de telles qualités et de telles vertus pour savoir agir, s'arrêter, s'effacer selon l'occasion ou selon l'ordre donné, devenir un homme de devoir et de discipline, tout en gardant l'esprit d'initiative inhérent à sa nature, et utile à son ministère.

Une autre vertu est aussi très nécessaire : la prudence.

**184. — Désir du martyre.** On a pu lire dans nombre d'ouvrages, que bien des missionnaires désiraient le martyre, et on en a parfois conclu qu'ils le recherchaient jusqu'à se laisser entraîner par une ardeur inconsidérée. Rien n'est moins vrai que cette conclusion. Les missionnaires désirent le martyre si Dieu daigne leur en faire la grâce ; mais ils s'efforcent d'éviter une arrestation qui compromettrait des centaines ou même des milliers de chrétiens, et jetterait une mission dans un redoublement de persécution. Parfois même, ils quitteront momentanément le pays qu'ils évangélisent, et c'est bien là le sacrifice qu'ils ressentiront le plus douloureusement ; mais ils le feront, parce qu'ils le considéreront comme un devoir.

Nous pourrions décrire la vie apostolique pendant les persécutions ; ce tableau offrirait plus d'intérêt que d'utilité ; car,

**185. — Situations. Professorat.** si l'histoire des missions, même en ces dernières années, renferme le récit de pillages, de ruines et de massacres, elle ne présente plus, depuis les traités conclus par l'Europe avec les différents pays de l'Extrême-Orient, de persécutions légales qui obligeaient les missionnaires à mener une existence de proscrit. Parlons donc de la vie des ouvriers évangéliques dans l'état actuel.

Deux situations différentes peuvent être données au missionnaire qui débute : le professorat dans un séminaire ou dans un collège, et l'administration d'un district.

La première situation exige, relativement, un petit nombre d'hommes ; elle leur donne une tranquillité studieuse et si remplie d'occasions de faire le bien, qu'elle les attache et les garde parfois pendant toute leur vie.

**186. — En district. Instruction. Constructions.** La seconde prend la grande majorité des missionnaires. Les travaux y sont de nature très diverse : tout d'abord, enseigner les chrétiens pour les améliorer, les néophytes pour les transformer, les païens pour les convertir ; c'est alors que le prêtre s'aperçoit qu'en mission, on ne sait jamais trop de théologie, et que mieux on la sait, plus aisément on accomplit le bien. A ces travaux, qui seront de toute la vie, ajoutons la construction d'une église ou d'un presbytère, la fondation d'œuvres, pour lesquelles il devra se procurer des ressources.

**187. — Procès. Malades.** Entre temps, le missionnaire est obligé de dirimer les procès ou les querelles des chrétiens, ce qui n'est qu'ennuyeux ; mais, ce qui est périlleux, il doit soutenir des procès contre les païens qui l'attaquent ou contre les protestants qui répandent des bruits calomnieux, affirmant, comme ils l'ont fait plusieurs fois au Japon, que « les principes de Rome sont une menace pour la paix publique ».

Il s'occupe parfois des malades surtout dans les pays sauvages ; il a, pour se guider dans l'administration des remèdes qui composent sa petite pharmacie, un excellent *Manuel de médecine*, publié par un missionnaire du Maïssour, M. Desaint,

Il rend aux fidèles des services matériels : au Se-tchoan
oriental, M. Farges acclimata le topi-
nambour, le seigle, et différentes espèces de pommes de terre supérieures
à celles que l'on cultivait ; en Cochinchine occidentale,
M. Benoît fit des défrichements et utilisa des terrains
incultes ; M. Gernot propagea la culture du caféier, du
cacaoyer, du mangoustanier, du sapotier ; par l'initiative
du même missionnaire, un canal fut creusé réunissant deux
bras du Mékong, une route construite, et un pont jeté sur
l'arroyo de Cai-mong. Sur les instances de M. Ravier, du
Tonkin occidental, fut creusé le canal allant du Day à
l'arroyo de Tho-mat, qui assure l'irrigation régulière des
rizières. M. J.-D. Maillard, de la Cochinchine orientale,
se rendit en Chine afin d'apprendre lui-même, et ensuite
d'enseigner à ses chrétiens la manipulation du thé ; ayant
acquis de vastes terrains, il les partagea entre
ses paroissiens auxquels il fournit des fonds et des
plants.

M. Villaume fit plus encore : envoyé dans la province
du Binh-thuan, il y redressa, en 1887, l'ancien canal de
Nha-trang ; en 1889, il construisit une digue pour assurer
au canal de Rung-cam toute son efficacité ; en 1890, il
éleva à Nha-trang une autre digue pour remplacer un
vieux barrage fait de bois et de fascines. Enfin, il entre-
prit de conquérir sur la forêt une grande partie de l'immense plaine de Phan-rang. Pour l'exécution de ce plan,
il fallait ouvrir au flanc de granit de la colline une brèche
longue d'un kilomètre, large de huit mètres, profonde
de cinq mètres, puis poursuivre la tranchée pendant plus
de vingt kilomètres, éventrant d'autres collines et traver-
sant en aqueducs des cours d'eau torrentiels. Ce travail
était achevé sur un parcours de 14 kilomètres, lorsque,

voulant en rectifier un détail, le missionnaire se noya le 6 septembre 1900.

**189. — Visite du district.** De sa résidence, le missionnaire s'éloigne pour visiter les chrétientés de son district. Quand ces chrétientés sont nombreuses, l'absence dure plusieurs mois consécutifs.

Les voyages sont plus ou moins longs, et les moyens de communications diffèrent d'un pays à un autre. Le cheval est employé un peu partout ; la bicyclette commence à s'introduire dans les régions que les travaux publics ont dotées de bonnes routes. Dans l'Inde, le missionnaire montera, à 2 ou 3 heures du matin, dans une charrette traînée par des bœufs qui de leur pas lent marcheront jusqu'à 9 ou 10 heures ; alors, il stationnera sous un arbre, repartira vers 3 heures de l'après-midi ; et, s'il n'a pas encore atteint la station des fidèles, passera la nuit dans un bungalow, ou au milieu d'un village, sous un abri de feuilles de palmier. En Cochinchine, il parcourra le pays en barque, et après quelques heures trouvera une chrétienté, avec un oratoire dont la sacristie lui servira de maison. En Chine, il aura la chaise-à porteurs, et si les familles chrétiennes manquent sur sa route, il s'arrêtera dans une auberge.

Il est inutile de parler du soleil qui brûle, des pluies qui font en quelques heures déborder un ravin d'ordinaire desséché, des moustiques ou d'autres insectes qui empêchent le sommeil, de la fièvre qui surprend en route ; ce sont là des choses que l'accoutumance aide à supporter.

Arrivé dans la chrétienté qui l'attend, le prêtre emploie quelques jours à prêcher, à confesser, à instruire et examiner les catéchumènes, à se rendre compte de la situation, à donner des conseils et une direction générale aux dignitaires ; puis il va ailleurs recommencer les mêmes labeurs.

**190. — Réunions des missionnaires.** Des réunions avec les missionnaires voisins coupent ces travaux, permettent un échange d'idées, de projets, une étude des difficultés et des expédients pour les tourner ou les vaincre ; elles sont un délassement physique et un réconfort moral. Ce réconfort est plus grand encore pendant la retraite annuelle, à laquelle s'adjoignent quelques jours ou même quelques semaines de repos passés au centre de la mission. C'est alors que les prêtres de la Société des Missions-Etrangères goûtent dans toute sa douceur cette charité vraie, qui est comme la caractéristique de l'esprit du Corps auquel ils appartiennent.

**191. — Dix ans d'histoire.** Pour bien faire comprendre l'existence apostolique, il faudrait la placer dans son milieu, dans son cadre, fait des événements grands et petits qui l'enveloppent ou la composent ; ce serait presque raconter l'histoire des missions. Nous n'y pouvons songer ; il importe cependant d'en donner une idée.

Prenons au hasard une période de dix années, et résumons-en les événements principaux. Voici ce qu'ils furent dans nos missions de 1897 à 1906 :

1897 : Massacre de M. Mazel au Kouang-si. En Cochinchine septentrionale, graves difficultés suscitées par des Résidents français « qui semblent avoir pris aux anciens mandarins leur rôle de persécuteurs ».

1898 : Massacre de M. Bertholet au Kouang-si. Massacre de M. Chanès et de 13 chrétiens au Kouang-tong.

Aux Indes, peste bubonique. Au Se-tchoan, révolte de Yu-man-tse, captivité de M. F. Fleury, pillage d'une partie des missions.

1899 : Continuation des pillages au Se-tchoan ; massacre de deux prêtres chinois et de huit chrétiens ; expulsion de leurs villages de plus de 20.000 néophytes.

1900 : Guerre des Boxeurs ; en Mandchourie massacre d'un évêque, Mgr Guillon, et de 9 missionnaires : MM. Emonet, Bourgeois, Viaud, Agnius, Le Guével, Bayard, R. Souvignet, Georjon, Leray.

1901 : Persécution à l'île Quelpaërt en Corée. Dans le Thibet, destruction des postes de Len-tsy et de Mo-sy-mien. Au Kouang-si, pillage de plusieurs résidences.

1902 : Massacre au Se-tchoan d'un prêtre indigène et de 1.600 chrétiens. Au Kouang-si, pillage de toutes les chrétientés du nord-ouest.

1903 : Pillages dans le sud et dans le nord du Kouy-tcheou. Au Tonkin, typhon qui ravage les provinces de Thai-binh, Nam-dinh, Hanoï, Son-tay.

1904 : Massacre d'un missionnaire, M. Trécul, en Mandchourie. En Corée, troubles graves par suite de la guerre russo-japonaise. Plusieurs typhons en Cochinchine.

1905 : Massacre au Thibet de quatre missionnaires : MM. Dubernard, Mussot, Bourdonnec, Soulié, et d'un certain nombre de néophytes. Inondation et choléra au Cambodge et en Cochinchine occidentale. Famine dans l'Inde.

1906 : Activité de la propagande protestante en Corée. Hostilité des grands mandarins en Mandchourie et au Se-tchoan. Au Tonkin, inondations, typhons, famine.

Après avoir parcouru ces lignes, on ne s'étonnera plus si nous avons rencontré des missionnaires qui n'avaient pas passé une année sans être plusieurs fois menacés de mort. Près de leur presbytère et de leur oratoire qui portaient la trace de pillages répétés, gisaient les ruines de leurs écoles et de leurs orphelinats.

**192. — Conversions.** Ce sont là les périls, les misères, les tribulations ; ils durent des mois, des années, puis ils cessent pour recommencer encore ; mais l'accalmie a, pendant un certain temps, donné l'illusion de la paix et en a produit les bienfaits.

C'est alors que se font les conversions ; notre chapitre sur l'*Evangélisation* les a racontées. Quel bonheur, à la fin d'une année, de se dire que la croix a été plantée un peu plus loin, toujours plus loin ! La reconnaissance envers Dieu et l'espoir en l'avenir remplissent alors le cœur des apôtres qui ont baptisé des infidèles.

Mais, même en dehors de ces périodes heureuses, ils sont rares, très rares les prédicateurs de l'Evangile qui ne voient pas fleurir les chemins arrosés de leurs sueurs ou de leur sang, et qui, à la fin de leur vie, exhalent cette plainte : « *Nous avons travaillé toute la nuit, et nous n'avons rien pris.* »

**193. — Relations avec les païens.** Parfois, en certains moments du moins, les relations avec les païens sont excellentes. Il arrive à des missionnaires de recevoir des écharpes de félicité, des inscriptions d'honneur, qui les qualifient « d'océans de vertus et de montagnes de mérites ». M. Arnal, à Pa-tcheou, dans le Se-tchoan occidental, fut proclamé « homme de bien, ami de la paix, protecteur des faibles », et nommé commandant de la garde nationale de la cité.

Les ouvriers apostoliques ont aimé cette vie avant de

**194. — Attachement à la vie apostolique.** la connaître ; ils l'aiment davantage après l'avoir expérimentée. Cet amour est assez fort pour que ni les misères, ni les persécutions, ni les offres de situation brillante, ni les appels de parents ne puissent le briser.

Chassé de Chine en 1706, expulsé de Macao en 1712, et conduit à Pondichéry, M. de La Baluère revient secrètement dans le Kouang-tong, traverse l'Empire du Milieu en prenant les plus minutieuses précautions, et retourne au Se-tchoan qu'il a déjà évangélisé. M. de Sennemand, frappé en 1724 par les décrets de Ming-vuong contre les prêtres catholiques, se dérobe à toutes les recherches pour rester en Cochinchine : « Je suis dans la résolution, écrit-il, de me tenir caché jusqu'au départ des vaisseaux ; après quoi, je reparaîtrai comme à l'ordinaire pour ne pas abandonner tant de chrétiens dans un jour de combat. » Et ses actes confirment ses paroles.

Après avoir passé près de huit années dans les horribles prisons chinoises, M. Gleyo affirme qu'il y restera aussi longtemps qu'on voudra, mais qu'il ne quittera pas l'Empire et ne cessera d'y prêcher les vérités divines.

MM. Charrier, Galy, Berneux, Miche, Duclos, à peine délivrés des prisons d'Annam, où ils ont langui pendant dix-huit mois, repartent pour reprendre leur labeur apostolique. M<sup>gr</sup> Lefebvre, deux fois prisonnier et condamné à mort, deux fois libéré, regagne, malgré la proscription qui pèse sur sa tête, son Vicariat de Cochinchine occidentale. M<sup>gr</sup> Verrolles, Vicaire apostolique de la Mandchourie, revenu une première fois en France en 1846, refuse la proposition du roi Louis-Philippe qui lui offre un siège archiépiscopal ; revenu de nouveau pour assister au Concile du Vatican, il repart, malgré ses 72 ans, pour aller dépenser ses dernières forces dans sa mission.

Au milieu de la persécution, M. Gagelin écrit ces paroles qu'il contresignera de son sang : « Je bénis toujours Dieu de ma vocation. Les peines, les privations, les sacrifices qui remplissent ma vie, me trouvent et me laissent dans la joie, parce que j'ai la ferme confiance d'être où le bon Dieu me veut... »

Repartant pour le Kouy-tcheou, après un séjour de quelques mois en France, Mgr Faurie écrit ces lignes d'enthousiaste joie : « En partant de Marseille, je tourne les yeux vers l'Orient et je vois mon cher Kouy-tcheou au bout du beaupré. Cette vision m'absorbe tout entier, et le bonheur de revoler vers une seconde patrie surnage au-dessus de tous les autres sentiments qui s'agitent au fond de mon cœur. » Pour terminer, rapportons ces paroles qui résument toutes celles que nous pourrions citer. Elles ont été prononcées par M. Delpech, le supérieur du Séminaire des Missions-Etrangères, en la fête du cinquantième anniversaire de son ordination sacerdotale : « Voilà cinquante ans que j'entrais au Séminaire des Missions Etrangères, et si j'avais à recommencer, je recommencerais ; je viendrais frapper à la porte de cette maison, en priant qu'on voulût bien m'y admettre. »

**195. — Mort des missionnaires.** Enfin, se lève, plus tôt pour les uns, plus tard pour les autres, le jour de l'éternel repos. Certains missionnaires ont à peine le temps de commencer leurs travaux ; d'autres les prolongent jusqu'à l'extrême vieillesse. Ceux qu'on appelle les doyens de la Société dépassent 80 ans. Le doyen le plus âgé fut pendant longtemps M. Jarrige, missionnaire au Maïssour. Il était né le 8 septembre 1796, à Saint-Clément dans le Puy-de-

Dôme ; il partit pour l'Inde le 30 décembre 1819 et, sans avoir jamais revu la France, il mourut le 12 septembre 1889 à Bangalore. Il comptait 93 ans d'âge et 70 d'apostolat.

On nous a demandé plusieurs fois quelle était la durée moyenne de la vie en mission des prêtres de la Société. La réponse est facile. Nous avons fait deux calculs : le premier, allant de 1660 à 1839 inclusivement, et portant sur 347 missionnaires, nous a donné pour chacun d'eux, une moyenne de vie, en mission, de 20 ans et 2 mois et demi ; le second, de 1660 à 1859, pour 593 missionnaires, nous a fourni 20 ans et 7 semaines.

Quand la mort se présente, elle est simplement et courageusement accueillie. Autrefois, par suite des persécutions, de la difficulté des communications, du manque d'installation centrale, la plupart des missionnaires mouraient dans leur poste, assistés par un confrère venu de la paroisse voisine, ou par un prêtre indigène, leur vicaire. Aujourd'hui, c'est dans un sanatorium, dans un séminaire, à la résidence épiscopale, que la grande majorité d'entre eux s'endorment dans le Seigneur. En tous temps, bien peu sont morts loin de leurs compagnons d'apostolat, comme saint François-Xavier. Dans le nécrologe de la Société des Missions-Etrangères qui compte près de 1.700 noms, nous n'avons pas rencontré plus de 4 ou 5 missionnaires qui, sauf le cas de mort subite, n'ont pas eu la possibilité de recevoir les derniers sacrements.

Les jeunes offrent à Dieu leur rêve de longue et laborieuse carrière, leur bonne volonté qui va disparaître avant de s'être exercée ; ils diminuent leurs regrets par l'espoir que leur sacrifice sera, pour leur mission, une source de bénédictions : « Vous direz à mon Vicaire apostolique, prononce M. Gimbert, que j'offre ma vie pour la mission du Cambodge. » Le jour où M. Pouliquen reçut l'extrême-onction, il écrivit à un de ses amis : « J'ai fait le sacrifice de ma vie pour la mission de Pondichéry, mes parents et mes amis. Je suis content de mourir ; car cette mort, qui bientôt finira ma vie, m'apparaît comme un rayon de gloire. »

Les vieillards sentent leur tâche terminée ; au lieu de la résignation qui incline le cœur des plus jeunes vers la volonté divine, c'est la joie qui dilate leur âme : « Tout est prêt, s'écrie M. Mathevon, je puis partir. Oh ! il y a si longtemps que je le désire. » A mesure que la faiblesse s'accentuait, son allégresse augmentait ; et pensant aux martyrs qu'il avait comptés au nombre de ses amis et de ses fidèles, et qui l'attendaient au ciel : « Quelle fête nous allons faire là-haut ! », disait-il joyeusement.

A M. Bossard, un de ses missionnaires qui lui propo sait d'offrir à Dieu le sacrifice de sa propre vie, en échange de la sienne, M<sup>gr</sup> Charbonnier répondait : « Oh ! non, mon ami ; laissez-moi mourir, et vous, vivez, afin de faire du bien longtemps encore. Le bon Dieu le veut ainsi, il faut tout accepter de sa main avec amour. »

D'aucuns saluent d'une parole de bonhomie souriante ceux qui les entourent. « Vous m'avez confessé et administré, disait un vétéran des missions de l'Inde, M. Lefeuvre, vous êtes de braves gens ; allez vous reposer, bonsoir et grand merci. »

Chez certaines natures plus énergiques, la maladie et la mort s'embellissent de vaillance. Vicaire apostolique à Saïgon pendant 21 ans, et incapable de célébrer le saint sacrifice durant plusieurs semaines de maladie, M<sup>gr</sup> Colombert tenait absolument à assister à celle de son confesseur : « Un évêque, disait-il, doit mourir debout. » C'était aussi la parole de M. J.-D. Maillard : « Je veux mourir debout et tout d'une pièce. » Le mot peint l'homme, mais on ne meurt pas comme on veut. A l'exemple de M<sup>gr</sup> Colombert, M. Maillard allait chaque jour assister à la messe. Un jour, on lui proposa de lui apporter la communion dans sa chambre : « Tant que j'aurai un brin de force, répondit-il, le bon Dieu ne se dérangera pas ; j'irai le recevoir chez Lui ; quand je ne pourrai plus, alors, Il viendra. »

Lorsque l'archevêque de Pondichéry, M<sup>gr</sup> Laouënan, mourut au sanatorium Saint-Raphaël, à Montbeton, il prononça, devant une dizaine de missionnaires agenouillés autour de lui, ces pieuses paroles : « Mon Seigneur et mon Dieu, je vous avais prié de me donner le temps de me préparer à la mort sans avoir à m'occuper d'autre chose, et de m'envoyer telles souffrances qu'il vous plairait pour l'expiation de mes péchés. Je sens que vous m'avez exaucé, et je vous en remercie de tout mon cœur. Mon Seigneur et mon Dieu, que vous avez été bon et que vous avez usé de miséricorde envers moi !... J'ai la confiance que je chanterai éternellement vos miséricordes infinies. »

# CARTE

## DES MISSIONS DE LA SOCIÉTÉ

---

# TABLEAU

## DE L'ÉTAT DES MISSIONS

### ET

## DES RÉSULTATS OBTENUS EN 1917

# TABLE DES MATIÈRES



## I



(Les chiffres indiquent les paragraphes.)

## II

### DÉVELOPPEMENT DE LA SOCIÉTÉ DES MISSIONS-ÉTRANGÈRES.



## III

### NATURE ET ORGANISATION DE LA SOCIÉTÉ DES MISSIONS-ÉTRANGÈRES.

## VII



## VIII

# IX



# X

## LES ŒUVRES D'INSTRUCTION.



# XI

## LES ŒUVRES DE CHARITÉ.      142

## XV

VIE DU MISSIONNAIRE.





CARTE DES MISSIONS DE LA SOCIÉTÉ.

TABLEAU DE L'ÉTAT DES MISSIONS ET DES RÉSULTATS OBTENUS EN 1917.

Imp. LEVÉ, 17, rue Cassette, Paris.

# PRISONNIER DES ALLEMANDS

### par M. GUIRAUD
*Directeur au Séminaire des Missions-Étrangères*
*Infirmier militaire*

In-16. . . . . . . . . . . . . . . . 2 fr.

# OUVRAGES SUR LES MISSIONS

*Histoire générale de la Société des Missions-Étrangères*, par M. ADRIEN LAUNAY, de la même Société, 3 vol. in-8°, 22 fr. 50. Ouvrage couronné par l'Académie des Sciences morales et politiques.

*Histoire des Missions de l'Inde*, avec gravures, cartes, plans, tables alphabétiques, par le MÊME, 5 vol. in-8°, 40 fr. Ouvrage couronné par l'Académie française.

*Histoire des Missions de Chine : Kouang-si, Kouy-tcheou, Kouang-tong*, avec gravures, cartes, plans, tables alphabétiques, par le MÊME, 5 vol. in-8°, 40 fr.

*La Salle des Martyrs*, 1 vol. in-16.

*Nos Missionnaires*, 1 vol. in-16.

*Atlas des Missions de la Société des Missions-Étrangères*, in-fol., 27 cartes en 5 couleurs avec notices, par le MÊME, 10 fr.

*Histoire de l'Église de Corée*, précédée d'une introduction sur l'histoire, les institutions, la langue, les mœurs et coutumes coréennes, avec cartes et planches, par M. CH. DALLET, de la Société des Missions-Étrangères, 2 vol. in-8°, 10 fr.

*M<sup>gr</sup> Ridel, évêque de Philippopolis, vicaire apostolique de Corée*, d'après sa correspondance, par M. l'abbé A. PIACENTINI, professeur au collège Saint-Stanislas à Nantes, in-8°, 4 fr.